国土交通省大臣官房官庁営繕部監修

官庁施設の設計業務等積算基準及び参考資料

令和6年版

一般社団法人　公共建築協会

刊行にあたって

　公共建築協会では、「建築士事務所の開設者がその業務に関して請求することのできる報酬の基準」（平成２１年国土交通省告示第１５号。以下「業務報酬基準」という。）の制定を基に、国土交通省大臣官房官庁営繕部が制定した「官庁施設の設計業務等積算基準」（以下「積算基準」という。）及び「官庁施設の設計業務等積算要領」（以下「積算要領」という。）を受けて、これら技術基準に基づく算定事例を盛り込んで編集した『官庁施設の設計業務等積算基準と業務料の算定』を平成２１年に刊行し、その後、技術基準の改定に合わせて改訂を行ってまいりました。

　平成３１年１月に、国土交通省において業務報酬基準が改正（平成３１年国土交通省告示第９８号）され、国土交通省大臣官房官庁営繕部においても、業務報酬基準の改正を反映するとともに、実態調査結果に基づいて、改修設計業務の業務量算定方法、業務細分率の区分や追加業務の業務量算定方法、諸経費率及び技術料等経費率の見直しを行い、積算基準及び積算要領の改定が行われました。

　今般、令和６年１月９日、業務報酬基準が改正（令和６年国土交通省告示第８号）され、国土交通省大臣官房官庁営繕部においても、業務報酬基準の改正を反映して、業務量の算定方法の見直しを行い、積算基準及び積算要領の改定が行われました。

　この度、公共建築協会では、これら技術基準の改定を踏まえて、算定事例を見直すとともに内容の充実を図り『官庁施設の設計業務等積算基準及び参考資料　令和６年版』として新たに刊行することといたしました。

　本書は、官庁施設の設計業務等委託料の積算に当たっての参考図書として取りまとめたものですが、国家機関の建築物はもとより地方公共団体等においても広く活用されることを願うものです。

　令和６年５月

一般社団法人　公共建築協会

会　長　　藤田　伊織

目　次

I　官庁施設の設計業務等積算基準等

官庁施設の設計業務等積算基準 （令和6年改定）

官庁施設の設計業務等積算要領 （令和6年改定）

第1章　総　則

第2章　業務人・時間数の算定方法

第3章　対象外業務率の考え方

別　表

Ⅱ　参考資料

1　業務報酬基準等

2　官庁施設の設計業務等積算基準等の運用

3 設計業務等委託料算定事例

4 公共建築設計者情報システム（PUBDIS）

Ⅰ　官庁施設の設計業務等積算基準等

官庁施設の設計業務等積算基準

（令和6年改定）

この基準は、国土交通省大臣官房官庁営繕部及び地方整備局等営繕部が官庁施設の営繕を実施するための基準として制定したものです。

国 営 整 第 1 号
平成21年4月1日
一部改定　国 営 整 第 2 3 7 号
平成28年2月1日
一部改定　国 営 整 第 1 6 3 号
平成31年1月21日
一部改定　国 営 整 第 1 5 9 号
令和 6 年 1 月 9 日

官庁施設の設計業務等積算基準

1. 目　的

　この基準は、国家機関の建築物及びその附帯施設（以下「官庁施設」という。）に係る設計業務等（建築物の設計、工事監理、耐震診断等の業務をいう。以下同じ。）を委託に付する場合において、予定価格のもととなる業務内訳書に計上すべき当該業務委託料（以下「設計業務等委託料」という。）の積算の標準的な方法について、令和6年国土交通省告示第8号及び平成27年国土交通省告示第670号の考え方に基づき必要な事項を定め、もって設計業務等委託料の適正な積算に資することを目的とする。

2. 適用範囲

　この基準は、官庁施設に係る設計業務等に適用する。

3. 設計業務等委託料

3. 1　設計業務等委託料の構成

　設計業務等委託料の構成は以下のとおりとする。

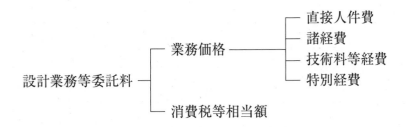

3. 2　設計業務等委託料を構成する費用の内容

（1）　直接人件費

　　直接人件費は、設計業務等に直接従事する者のそれぞれについての当該業務に関して必要となる給与、諸手当、賞与、退職給与、法定保険料等の人件費の1時間当たりの額に当該業務に従事する延べ時間数を乗じて得た額の総和とする。

（2） 諸経費

　　諸経費は、設計業務等の履行にあたって通常必要となる直接人件費以外の経費であって直接経費と間接経費で構成される。

　　直接経費は、印刷製本費、複写費、交通費等設計業務等に関して直接必要となる費用（特別経費を除く。）の合計額とする。

　　間接経費は、建築士事務所を管理運営していくために必要な人件費、研究調査費、研修費、減価償却費、通信費、消耗品費等の費用（直接人件費、特別経費及び直接経費を除く。）のうち、当該業務に関して必要となる費用の合計額とする。

（3） 技術料等経費

　　技術料等経費は、設計業務等において発揮される技術力、創造力等の対価として支払われる費用とする。

（4） 特別経費

　　特別経費は、特許使用料その他の発注者の特別の依頼に基づいて必要となる費用及び設計等の業務に附随して行う検査等を第三者に委託する場合における当該検査等に係る費用の合計とする。

（5） 消費税等相当額

　　消費税等相当額は、消費税法（昭和６３年法律第１０８号）及び地方税法（昭和２５年法律第２２６号）に基づき、設計業務等に課される消費税等の額とする。

3．3　設計業務等委託料の積算

　設計業務等委託料は次式により積算する。

　　（設計業務等委託料）＝（直接人件費）＋（諸経費）＋（技術料等経費）＋（特別経費）

　　　　　　　　　　　＋（消費税等相当額）

　　　　　　　　　　＝（業務価格）＋（消費税等相当額）

3．4　設計業務等委託料を構成する費用の算定

（1） 直接人件費

　　直接人件費は、委託に付する業務に直接従事する技術者の業務人・時間数に、当該技術者の業務能力（技術力、業務処理能力等）に応じた直接人件費単価を乗じたものの総和とし、次式により算定する。

　　（直接人件費）＝Σ｛（業務人・時間数）×（直接人件費単価）｝

（2）　諸経費

　　諸経費は、次式により算定する。

　　　（諸経費）＝（直接人件費）×（諸経費率）

（3）　技術料等経費

　　技術料等経費は、次式により算定する。

　　　（技術料等経費）＝｛（直接人件費）＋（諸経費）｝×（技術料等経費率）

（4）　特別経費

　　特別経費は、業務内容の実態に応じて算定する。

（5）　消費税等相当額

　　消費税等相当額は、次式により算定する。

　　　（消費税等相当額）＝（業務価格）[※]×（消費税等率）
　　　※業務価格のうち、課税対象分とする。

官庁施設の設計業務等積算要領

（令和6年改定）

　この要領は、国土交通省大臣官房官庁営繕部及び地方整備局等営繕部が官庁施設の営繕を実施するための要領として制定したものです。

国 営 整 第 3 号
平成 2 1 年 4 月 1 日
一部改定 国 営 整 第 6 8 号
平成 2 1 年 7 月 1 日
一部改定 国 営 整 第 2 3 8 号
平成 2 8 年 2 月 1 日
一部改定 国 営 整 第 2 3 9 号
平成 2 9 年 3 月 2 8 日
一部改定 国 営 整 第 1 6 4 号
平成 3 1 年 1 月 2 1 日
一部改定 国 営 整 第 1 6 0 号
令和 6 年 1 月 9 日
一部改定 国 営 整 第 2 1 0 号
令和 6 年 3 月 2 6 日

官庁施設の設計業務等積算要領

第1章 総 則

1．基本事項

　本要領は、官庁施設の設計業務等積算基準（平成２１年４月１日国営整第１号）に基づき、設計業務等委託料を積算するために必要な事項を定めるものである。

2．設計業務等委託料の積算に関する事項

2．1 業務人・時間数

（1） 公共建築設計業務委託共通仕様書（平成２０年３月３１日国営整第１７６号。以下「設計業務共通仕様書」という。）を適用して設計に関する業務（以下「設計業務」という。）を委託する場合、直接人件費の算定に用いる業務人・時間数は、一般業務（設計業務共通仕様書第２章１．に規定する一般業務をいう。以下同じ。）及び追加業務（設計業務共通仕様書第２章２．に規定する追加業務をいう。以下同じ。）の実施のために必要となる業務人・時間数とする。

（2） 耐震診断（建築物の耐震改修の促進に関する法律（平成７年法律第１２３号）第２条第１項に規定する耐震診断をいう。）に関する業務（以下「耐震診断業務」という。）を委託する場合、直接人件費の算定に用いる業務人・時間数は、平成２７年国土交通省告示第６７０号別添一第１項に掲げるもの（以下「耐震診断一般業務」という。）並びに

契約書、質問回答書、現場説明書、別冊の図面、特記仕様書及び共通仕様書（以下「契約図書」という。）等に定められ、耐震診断一般業務に含まれない業務（以下「耐震診断追加業務」という。）の実施のために必要となる業務人・時間数とする。

（3）　建築工事監理業務委託共通仕様書（平成１３年２月１５日国営技第６号。以下「工事監理業務共通仕様書」という。）を適用して工事監理に関する業務（以下「工事監理業務」という。）を委託する場合、直接人件費の算定に用いる業務人・時間数は、一般業務（工事監理業務共通仕様書第２章２．１に規定する一般業務をいう。以下同じ。）及び追加業務（工事監理業務共通仕様書第２章２．２に規定する追加業務をいう。以下同じ。）の実施のために必要となる業務人・時間数とする。

（4）　複数の棟の設計業務、工事監理業務又は耐震診断業務を委託する場合の業務人・時間数は、原則として、１棟ごとに算定したものを合計するものとする。

（5）　やむを得ない事情により設計業務、工事監理業務又は耐震診断業務を分割して委託する場合、分割された各業務に係る業務人・時間数は、設計業務、工事監理業務又は耐震診断業務の全体の業務人・時間数をもとに、分割された各業務の内容に応じて算定する。

（6）　複数年度にわたる工事を対象とする設計業務のうち設計意図を正確に伝えるための業務（以下「設計意図伝達業務」という。）及び工事監理業務の各年度の業務人・時間数は、当該工事全体に対するこれらの業務に係る業務人・時間数をもとに、各年度の業務の出来高を勘案して算定する。

２．２　直接人件費単価

　　直接人件費単価は、業務に従事する技術者の業務能力に応じたものとする。

　　なお、第２章に示す算定方法は、建築士法（昭和２５年法律第２０２号）第２条第２項に規定する一級建築士として２年又は同法第２条第３項に規定する二級建築士として７年の建築に関する業務経験を有する者が業務に従事することを想定した業務人・時間数を算定するものとなっている。この場合の直接人件費単価は、国土交通省が公表する「設計業務委託等技術者単価」における技術者の職種「技師Ｃ」の単価を用いることができるものとする。

２．３　床面積の合計

　　第２章２．２、４．２、６．２又は７．２における床面積の合計は、設計、工事監理又は耐震診断の対象とする建築基準法施行令（昭和２５年政令第３３８号）第２条第１項第３号に規定する床面積の合計とする。なお、第２章２．２の算定方法による場合は、計画上の床面積の合計を用いることができるものとする。

2. 4　諸経費率

諸経費率は、1.1を標準とする。ただし、業務人・時間数の算定方法が第2章4. 又は7. による場合の諸経費率は、1.0を標準とする。

2. 5　技術料等経費率

技術料等経費率は、0.15を標準とする。ただし、業務人・時間数の算定方法が第2章4. 又は7. による場合の技術料等経費率は、0.2を標準とする。

2. 6　特別経費

特別経費には、契約保証料、行政手数料、公共建築設計者情報システム（以下「PUBDIS」という。）への業務カルテ登録料等が含まれる。

3. 契約変更の扱い

（1）　発注者の責めに帰すべき事由により、委託業務の条件若しくは内容に追加又は変更が生じた場合は、所要の業務人・時間数を算定する。

（2）　計画上の床面積の合計その他の条件が変更された場合を除き、設計業務の成果図書に基づく床面積の合計又は成果図書の図面枚数と、当初の設計業務等委託料の積算に用いた床面積の合計又は図面枚数との差による業務人・時間数の変更は行わないことができるものとする。

（3）　契約変更における設計業務等委託料は、変更対象の業務価格に、原則として「当初の契約金額から消費税等相当額を減じた額を当初予定価格のもととなる業務内訳書記載の業務価格で除した比率」を乗じ、さらに消費税等相当額を加えて得た額とする。ただし、計画通知手続き等に係る行政手数料、PUBDISへの業務カルテ登録料等については、これを乗じないものとする。

第2章　業務人・時間数の算定方法

1．共　通

業務人・時間数は、次式により算定する。なお、7．に関しては、一般業務を耐震診断一般業務に、追加業務を耐震診断追加業務にそれぞれ読み替える。

（業務人・時間数）＝（一般業務に係る業務人・時間数）＋（追加業務に係る業務人・時間数）

一般業務に係る業務人・時間数及び追加業務に係る業務人・時間数については、2．から7．に定めるもののうち委託業務の内容等に対応する方法を標準として算定することができる。

2．設計業務に関する算定方法1　（床面積に基づく算定方法）

2．1　適　用

この算定方法は、設計業務共通仕様書を適用し、建築物の新築工事の設計業務を委託する場合に用いる。

2．2　一般業務に係る業務人・時間数の算定

（1）　一般業務のすべてを委託する場合の一般業務に係る業務人・時間数の算定

令和6年国土交通省告示第8号（以下「告示8号」という。）別添二第一号から第十二号に掲げる建築物の類型に応じて（イ）又は（ロ）に掲げる算定式により、別表1-1に掲げる係数を用いて算定する。

（イ）　第一号から第三号、第四号第1類、第四号第2類（床面積の合計が20,000m²未満又は30,000m²を超える場合）、第五号、第六号（床面積の合計が20,000m²未満又は30,000m²を超える場合）又は第七号から第十二号

$$A = a \times S^b$$

　　A：業務人・時間数
　　S：床面積の合計（m²）

（ロ）　第四号第2類（床面積の合計が20,000m²以上30,000m²以下の場合）又は第六号（床面積の合計が20,000m²以上30,000m²以下の場合）

$$A = a \times S + b$$

　　A：業務人・時間数
　　S：床面積の合計（m²）

（2）　一般業務の一部を委託しない場合の一般業務に係る業務人・時間数の算定

（イ）　次式により算定する。ここで、「対象外業務率」とは、契約図書等の定めにより、一般業務の業務内容のうち委託業務の範囲外となる業務がある場合に、当該範囲外と

なる業務が一般業務をすべて委託する場合の一般業務に係る業務人・時間数に占める割合をいう。

$$\text{(一般業務の一部を委託しない場合の一般業務に係る業務人・時間数)}$$
$$\text{=(一般業務をすべて委託する場合の一般業務に係る業務人・時間数)}$$
$$\times(1-\text{(対象外業務率))}$$

（ロ）　対象外業務率の設定に当たり使用する業務細分率は別表2-2によることができるものとする。

（ハ）　対象外業務率の考え方は第3章を参照。

（ニ）　設計意図伝達業務を独立して委託する場合の業務人・時間数の算定については、5. を参照。

（3）　難易度係数による補正

建築物が告示8号別添三第3項から第5項の各表の（い）建築物の欄に掲げる建築物に該当する場合においては、同表（ろ）設計欄に掲げる係数をそれぞれ、該当する業務分野の業務人・時間数に乗じることにより補正する。ただし、各表において、（い）建築物の欄に複数該当する場合は、該当する全ての難易度係数を業務人・時間数に乗じることとする。

（4）　複合建築物の算定方法

異なる2以上の用途に供する建築物で、告示8号別添二に掲げる建築物の類型のうち複数に該当する場合においては、各用途の床面積から算定した業務人・時間数を合算し、別表1-4に掲げる係数（以下「複合化係数」という。）を乗じることにより算定する。ただし、主たる用途が明らかである場合は、主たる用途の単一用途とみなして業務人・時間数を算定する。

2.3　追加業務に係る業務人・時間数の算定

業務内容の実情に応じて算定する。

なお、（1）又は（2）に掲げる業務を追加業務とする場合は、それぞれ（1）又は（2）により当該業務に係る業務人・時間数を算定することができるものとする。

（1）　積算業務

成果図書に基づく積算業務として次に掲げる内容の業務を委託する場合は、次式によりこれに係る業務人・時間数を算定する。

・積算数量算出書の作成

・単価作成資料の作成

・見積収集

・見積検討資料の作成

（積算業務に係る業務人・時間数）＝（実施設計に係る業務人・時間数）×０.２５

　　　ここで、実施設計に係る業務人・時間数は、一般業務のすべてを委託する場合の一般業務に係る業務人・時間数に、別表２-２に掲げる実施設計に関する業務細分率の合計を乗じたものとし、２.２（３）に定める難易度係数による補正は行わないものとする。

（２）　計画通知又は建築確認申請に関する手続業務

　　　計画通知又は建築確認申請に関する手続業務を追加業務とする場合、構造計算適合性判定に係る手続き及び建築物エネルギー消費性能適合性判定に係る手続きの有無に応じて、次に掲げるいずれかの業務人・時間数を計上する。

　　　・構造計算適合性判定及び建築物エネルギー消費性能適合性判定の
　　　　いずれも必要な場合　　　　　　　　　　　　　　　　　　　　３２人・時間
　　　・構造計算適合性判定又は建築物エネルギー消費性能適合性判定の
　　　　いずれかが必要な場合　　　　　　　　　　　　　　　　　　　２４人・時間
　　　・構造計算適合性判定及び建築物エネルギー消費性能適合性判定の
　　　　いずれも不要な場合　　　　　　　　　　　　　　　　　　　　１６人・時間

３．設計業務に関する算定方法２（図面目録に基づく算定方法）

３．１　適　用

　　　この算定方法は、設計業務共通仕様書を適用して図面目録を作成し、改修工事の設計業務を委託する場合で、一般業務の内容を基本設計の成果に相当する図面等に基づいて行う実施設計とする場合に用いる。

　　　なお、基本設計に該当する業務を含めて委託する場合は、これに係る業務人・時間数を業務内容の実情に応じて別に計上することにより、この算定方法によることができる。

３．２　一般業務に係る業務人・時間数の算定

（１）　一般業務に係る業務人・時間数の算定

　　　一般業務に係る業務人・時間数は、図面目録に掲げられた図面１枚毎に算定した業務人・時間数の合計とし、次式により算定する。ただし、ここで一般業務は、実施設計のみを対象とし、かつ、「建築確認申請に係る関係機関との打合せ」及び「建築確認申請図書の作成」を除いたものとする。なお、改修工事の設計に必要な既存建築物の設計図書を復元するための実測等の調査を実施する必要がある場合は、当該調査に要する業務人・時間数を追加業務に計上する。

　　　（一般業務に係る業務人・時間数）＝Σ（図面１枚毎の業務人・時間数）

（2）　一般業務に係る図面1枚毎の業務人・時間数の算定

　　　　図面1枚（大きさは、８４１ｍｍ×５９４ｍｍ（Ａ１判）とする。）毎の作成に必要
　　となる業務人・時間数は、建築改修工事分については（イ）、設備改修工事分について
　　は（ロ）に掲げる算定式により算定する。算定式中の図面1枚毎の換算図面枚数につい
　　ては、（3）により算定する。

　　（イ）　建築改修工事分の設計に必要となる図面1枚毎の業務人・時間数

　　　　　（業務人・時間数）＝１３.５６７×（図面1枚毎の換算図面枚数）

　　（ロ）　設備改修工事分の設計に必要となる図面1枚毎の業務人・時間数

　　　　　（業務人・時間数）＝１０.２３３×（図面1枚毎の換算図面枚数）

（3）　図面1枚毎の換算図面枚数の算定
　　（イ）　（2）に掲げる式における「図面1枚毎の換算図面枚数」は、図面目録に掲げられ
　　　　た図面1枚毎に、次式により算定する。ただし、平均的な改修工事の設計と比較して
　　　　難易度に著しく差が生じる場合は、実情に応じて補正することができるものとする。

　　　　　（図面1枚毎の換算図面枚数）＝１×（複雑度）
　　　　　　　　　　　×（ＣＡＤデータの提供等により業務量低減が図られる場合の影響度）

　　（ロ）　（イ）に掲げる式における「複雑度」に係る係数は、別表2−1により設定すること
　　　　ができるものとする。なお、「複雑度」に係る係数は、実施設計図書の作成に必要な
　　　　検討、各種計算、発注者との協議、書式の有無等を含めた実施設計図書の作成業務に
　　　　係る業務人・時間数の補正を行うための係数であり、改修工事の設計に係る平均的な
　　　　一般図の作成に係る複雑さを「標準」とした場合の複雑さの度合いであることを踏ま
　　　　えた上で、別表2−1によりがたい場合は、実情に応じて設定することができるもの
　　　　とする。

　　（ハ）　（イ）に掲げる式における「ＣＡＤデータの提供等により業務量低減が図られる
　　　　場合の影響度」に係る係数は、発注者が既存図面のＣＡＤデータ等を受注者に提供し、
　　　　その利用によって設計図書の作成に係る業務人・時間数が低減する場合、０から１の
　　　　範囲で、実情に応じて図面1枚毎に設定することができるものとする。

３．３　追加業務に係る業務人・時間数の算定

　　２.３に準じ、業務内容の実情に応じて算定する。

　　なお、成果図書に基づく積算業務として次に掲げる内容の業務を委託する場合は、次式に
　よりこれに係る業務人・時間数を算定する。

　　・積算数量算出書の作成
　　・単価作成資料の作成
　　・見積収集
　　・見積検討資料の作成

（積算業務に係る業務人・時間数）＝（実施設計に係る業務人・時間数）×０.２１

　　ここで、実施設計に係る業務人・時間数は、３.２により「ＣＡＤデータの提供等により業務量低減が図られる場合の影響度」を１.０として算定した一般業務に係る業務人・時間数とする。

４．耐震改修設計業務に関する算定方法（床面積に基づく算定方法）
４.１　適　用
　　この算定方法は、設計業務共通仕様書を適用し、床面積の合計が別表１-２に掲げる建築物の構造耐力上主要な部分の耐震改修（建築物の耐震改修の促進に関する法律第２条第２項に規定する耐震改修をいう。）に係る設計の基本設計及び実施設計に関する業務を、耐震診断業務を行った建築士事務所等に委託する場合で、業務人・時間数を算定する場合に用いる。
　　なお、他の建築士事務所等が行った耐震診断の結果を用いて耐震改修設計業務を行う場合は、当該要因に係る追加業務を設定し、これに係る業務人・時間数を計上することによりこの算定方法によることができるものとする。

４.２　一般業務に係る業務人・時間数の算定
　　別表１-２に掲げる算定式により算定する。ただし、ここで一般業務は、構造に係る基本設計及び実施設計のみを対象とし、かつ、「建築確認申請図書の作成」を除いたものとする。また、上記算定式は、鉄骨造、鉄筋コンクリート造又は鉄骨鉄筋コンクリート造の建築物を算定する場合に用いる。

４.３　追加業務に係る業務人・時間数の算定
　　３.３に準じ、業務内容の実情に応じて算定する。
　　なお、４.２の方法で算定される業務人・時間数には、基本設計及び実施設計に係る業務人・時間数が含まれるので、３.３の算定方法により積算業務に係る業務人・時間数を算定する場合は、業務の実情に応じて実施設計のみに係る業務人・時間数を算定のうえ算定する。

５．設計意図伝達業務に関する算定方法
５.１　適　用
　　この算定方法は、設計業務の受注者に、当該設計業務の対象である工事に係る設計意図伝達業務を委託する場合に用いる。

５.２　業務人・時間数の算定
（１）　設計意図伝達業務に係る業務人・時間数は、契約図書等に定められた業務内容に基づき算定する。

（2）（1）によるほか、2．の算定方法を用いる場合は、別表2-2に掲げる基本設計に関する業務細分率及び実施設計に関する業務細分率を用いて対象外業務率を設定し、一般業務に係る業務人・時間数を算定するとともに、業務内容の実情に応じて追加業務に係る業務人・時間数を算定する。

6．工事監理業務に関する算定方法

6．1 適 用

この算定方法は、工事監理業務共通仕様書を適用し、工事監理業務を委託する場合に用いる。

6．2 新築工事の工事監理業務の一般業務に係る業務人・時間数の算定

（1）一般業務に係る業務人・時間数の算定

一般業務に係る業務人・時間数は、次式により算定する。

（一般業務に係る業務人・時間数）

＝（一般業務をすべて委託する場合の一般業務に係る業務人・時間数）

×（1－（対象外業務率））

ここで、一般業務をすべて委託する場合の一般業務に係る業務人・時間数は、告示8号別添二第一号から第十二号に掲げる建築物の類型に応じて（イ）又は（ロ）に掲げる算定式より、別表1-1に掲げる係数を用いて算定する。

（イ）第一号から第三号、第四号第1類、第四号第2類（床面積の合計が20,000㎡未満又は30,000㎡を超える場合）、第五号、第六号（床面積の合計が20,000㎡未満又は30,000㎡を超える場合）又は第七号から第十二号

$$A = a \times S^b$$

A：業務人・時間数
S：床面積の合計（㎡）

（ロ）第四号第2類（床面積の合計が20,000㎡以上30,000㎡以下の場合）又は第六号（床面積の合計が20,000㎡以上30,000㎡以下の場合）

$$A = a \times S + b$$

A：業務人・時間数
S：床面積の合計（㎡）

（ハ）「対象外業務率」とは、会計法（昭和22年法律第35号）に基づく監督業務の一部として発注者が行う業務を含め、契約図書等の定めにより、一般業務の業務内容のうち委託業務の範囲外となる業務がある場合に、当該範囲外となる業務が一般業務をすべて委託する場合の一般業務に係る業務人・時間数に占める割合とする。

（二）対象外業務率の考え方は第3章を参照。

（2）　難易度係数による補正

　　　建築物が告示8号別添三第3項から第5項の各表の（い）建築物の欄に掲げる建築物に該当する場合においては、同表（は）工事監理等の欄に掲げる係数をそれぞれ、該当する業務分野の業務人・時間数に乗じることにより補正する。ただし、各表において、（い）建築物の欄に複数該当する場合は、該当する全ての難易度係数を業務人・時間数に乗じることとする。

（3）　複合建築物の算定方法

　　　異なる2以上の用途に供する建築物で、告示8号別添二に掲げる建築物の類型のうち複数に該当する場合においては、各用途の床面積から算定した業務人・時間数を合算し、別表1-4に掲げる複合化係数を乗じることにより算定する。ただし、主たる用途が明らかである場合は、主たる用途の単一用途とみなして業務人・時間数を算定する。

6．3　改修工事の工事監理業務の一般業務に係る業務人・時間数の算定

　　一般業務に係る業務人・時間数は、契約図書等に定められた業務内容に基づき、工期、改修工事の内容（工事種目、工種数等）、規模（対象面積・階数等）、施工条件（入居者の有無、作業時間の制約等）等の条件を勘案して算定する。

6．4　追加業務に係る業務人・時間数の算定

　　業務内容の実情に応じて算定する。

　　なお、新築工事の工事監理業務において、完成図の確認を追加業務とする場合は、次式によりこれに係る業務人・時間数を算定することができるものとする。

　　（業務人・時間数）＝（工事監理業務に係る業務人・時間数）×0.02

　　ここで、工事監理業務に係る業務人・時間数は、一般業務に係る業務人・時間数とし、6．2（2）に定める難易度係数による補正は行わないものとする。

7．耐震診断業務に関する算定方法

7．1　適用

　　この算定方法は、床面積の合計が別表1-3に掲げられた建築物の耐震診断一般業務のすべてを委託する場合に適用する。

7．2　耐震診断一般業務に係る業務人・時間数の算定

　　耐震診断一般業務に係る業務人・時間数は、別表1-3に掲げる算定式により算定する。なお、上記算定式は、鉄骨造、鉄筋コンクリート造又は鉄骨鉄筋コンクリート造の建築物を算定する場合に用いる。

7．3　耐震診断追加業務に係る業務人・時間数の算定

　　業務内容の実情に応じて算定する。

第3章　対象外業務率の考え方

1．対象外業務率を設定できる条件

1．1　設計業務の対象外業務率

　　対象外業務率は、一般業務の業務内容のうち委託業務の範囲外となる業務があることについて契約図書等に定めがある場合に限り、2．1に定めるところにより設定することができるものとする。

1．2　工事監理業務の対象外業務率

　　対象外業務率は、会計法に基づく監督業務の一部として発注者が行う業務を含め、一般業務の業務内容のうち委託業務の範囲外となる業務があることについて契約図書等に定めがある場合に限り、2．2に定めるところにより設定することができるものとする。

2．対象外業務率の設定の考え方

2．1　設計業務の対象外業務率（第2章2．の算定方法による場合）

　　契約図書等の定めに基づき、別表2-2に掲げる業務内容の項目毎に委託業務の範囲外となる業務が一般業務をすべて委託する場合の業務人・時間数に占める割合（以下「項目別対象外業務率」という。）を、0を超え1.0以下の範囲で設定し、それに基づき業務全体の対象外業務率を設定することができるものとする。

2．2　工事監理業務の対象外業務率（第2章6．の算定方法による場合）

　　契約図書等の定めに基づき、別表2-3に掲げる業務内容の項目毎に項目別対象外業務率を、0を超え1.0以下の範囲で設定し、それに基づき業務全体の対象外業務率を設定することができる。

　　ただし、工事監理業務共通仕様書を適用する場合に、別表2-3に掲げる業務内容の項目に関して標準的に委託業務の範囲外となる業務内容の項目は（1）、標準的に一部が委託業務の範囲外となる業務内容の項目は（2）に掲げるとおりであり、業務全体の対象外業務率を、別表2-4に掲げる標準的な対象外業務細分率を用いて設定することができるものとする。

（1）　標準的に委託業務の範囲外となる業務内容の項目
　　　　・請負代金内訳書の検討及び報告
　　　　・工事請負契約の目的物の引渡しの立会い
　　　　・工事期間中の工事費支払い請求の審査
　　　　・最終支払い請求の審査

（2）　標準的に一部が委託業務の対象外となる業務内容の項目
　　・「設計図書の内容の把握」及び「質疑書の検討」のうちの「設計者への確認」及び「工事施工者への通知」
　　・「工事と設計図書との照合及び確認の結果報告等」のうちの「工事施工者との協議」
　　・「工事と工事請負契約との照合、確認、報告」のうちの「工事施工者に対する是正の指示」
　　・「工事請負契約に定められた指示、検査等」のうちの「指示」、「検査」、「承認」及び「助言」
　　・「関係機関の検査の立ち会い等」のうち建築基準法（昭和２５年法律第２０１号）に基づく検査書類の作成等

別表1−1　建築物の類型による一般業務に係る標準業務人・時間数の算定に係る係数

建築物の類型	建築物の用途等	適用規模		一般業務に係る業務人・時間数の算出に係る係数					
				設計			工事監理		
				総合	構造	設備	総合	構造	設備
第一号	第1類	$100m^2 \leqq S \leqq 100,000m^2$	係数a	27.3837	5.0069	5.2655	4.2470	0.4091	0.5424
			係数b	0.4606	0.5846	0.5323	0.5751	0.7406	0.6827
	第2類	$3,200m^2 \leqq S \leqq 100,000m^2$	係数a	3.9616	0.6712	0.4393	1.8563	0.0177	0.1138
			係数b	0.7560	0.8200	0.8394	0.7387	1.0439	0.8805
第二号	第1類	$100m^2 \leqq S \leqq 75,000m^2$	係数a	28.1322	5.2388	3.5512	8.9383	3.3898	2.4378
			係数b	0.5313	0.6278	0.6567	0.5535	0.5418	0.5934
	第2類	$100m^2 \leqq S \leqq 75,000m^2$	係数a	40.7832	7.7623	5.9625	11.5599	3.3898	3.1226
			係数b	0.5313	0.6278	0.6567	0.5535	0.5418	0.5934
第三号	第1類	$340m^2 \leqq S \leqq 10,000m^2$	係数a	2.0338	2.8137	2.1955	0.9646	1.1854	0.6952
			係数b	0.9273	0.7491	0.7979	0.9113	0.6704	0.8504
	第2類	$3,500m^2 \leqq S \leqq 49,000m^2$	係数a	18.156	0.8372	8.6959	0.9646	1.1854	0.6952
			係数b	0.7264	0.9010	0.6898	0.9113	0.6704	0.8504
第四号	第1類	$100m^2 \leqq S \leqq 50,000m^2$	係数a	2.6180	2.1405	0.2144	4.7279	1.0242	0.4045
			係数b	0.8833	0.7672	1.0615	0.6929	0.6875	0.8741
	第2類	$300m^2 \leqq S < 20,000m^2$	係数a	4.2525	2.7775	0.3436	6.9500	1.4312	0.4045
			係数b	0.8833	0.7672	1.0615	0.6929	0.6875	0.8741
		$20,000m^2 \leqq S \leqq 30,000m^2$ ※ $A = a \times S + b$	係数a	0.8535	0.1100	0.1095	0.2342	0.0293	0.0521
			係数b	9705.8	3339.0	10446.0	1956.4	710.9	1283.4
		$30,000m^2 < S \leqq 100,000m^2$	係数a	4.7045	3.6050	0.5510	6.3506	1.5737	0.5524
			係数b	0.8656	0.7293	0.9820	0.7037	0.6710	0.8291
第五号	第1類	$100m^2 \leqq S \leqq 23,000m^2$	係数a	5.9513	0.8797	0.4473	0.5563	0.2265	0.1052
			係数b	0.7125	0.8008	0.9265	0.9122	0.7880	0.9223
	第2類	$1,500m^2 \leqq S \leqq 80,000m^2$	係数a	16.474	4.1938	0.4473	0.5563	0.2265	1.7890
			係数b	0.6686	0.6690	0.9265	0.9122	0.7880	0.6414
第六号	第1類	$100m^2 \leqq S < 20,000m^2$	係数a	5.8423	1.8168	0.5905	4.1241	0.2574	0.2860
			係数b	0.7571	0.7867	0.8970	0.7033	0.8788	0.8949
		$20,000m^2 \leqq S \leqq 30,000m^2$ ※ $A = a \times S + b$	係数a	0.7472	0.2100	0.2283	0.1250	0.0383	0.0802
			係数b	-4402.1	193.9	-307.0	1866.9	784.5	416.0
		$30,000m^2 < S \leqq 100,000m^2$	係数a	3.5691	1.6013	0.5041	4.3181	0.3271	0.3053
			係数b	0.8271	0.8059	0.9187	0.6956	0.8424	0.8858
第七号	第1類	$100m^2 \leqq S \leqq 15,000m^2$	係数a	9.8576	3.2695	4.4473	22.6387	1.6641	1.3704
			係数b	0.7620	0.7379	0.7317	0.5313	0.6591	0.7789
第八号	第1類	$200m^2 \leqq S \leqq 50,000m^2$	係数a	11.7127	3.0002	6.6791	4.1616	1.9885	1.3362
			係数b	0.7628	0.7322	0.6989	0.7296	0.6310	0.7369
	第2類	$750m^2 \leqq S \leqq 50,000m^2$	係数a	12.3779	4.4667	7.7544	4.1616	2.7429	1.5771
			係数b	0.7628	0.7322	0.6989	0.7296	0.6310	0.7369
第九号	第1類	$200m^2 \leqq S \leqq 15,000m^2$	係数a	12.0133	4.4768	0.3689	3.3837	0.9558	0.1801
			係数b	0.7109	0.6654	0.9792	0.7671	0.7050	0.9784
	第2類	$4,400m^2 \leqq S \leqq 46,000m^2$	係数a	1.1646	1.0259	0.6062	0.1390	1.2168	0.1538
			係数b	1.0536	0.8371	0.9712	1.1514	0.6963	0.9713
第十号	第1類	$150m^2 \leqq S \leqq 15,000m^2$	係数a	28.4598	3.8566	1.0152	5.1224	0.4701	0.8479
			係数b	0.6397	0.6888	0.9052	0.6980	0.7184	0.7288
	第2類	$4,200m^2 \leqq S \leqq 100,000m^2$	係数a	10.703	12.060	1.8553	1.3190	1.6561	0.2241
			係数b	0.7578	0.5793	0.8269	0.8441	0.6404	0.9121
第十一号	第1類	$100m^2 \leqq S \leqq 15,000m^2$	係数a	5.3732	1.2819	0.3618	4.6516	0.9945	0.3214
			係数b	0.8067	0.8334	1.0061	0.7088	0.6591	0.8860
第十二号	第1類	$150m^2 \leqq S \leqq 10,000m^2$	係数a	4.8697	2.8735	1.0305	6.2133	1.5683	0.6125
			係数b	0.9197	0.8052	0.9969	0.7647	0.7292	0.9294
	第2類	$300m^2 \leqq S \leqq 30,000m^2$	係数a	5.8402	3.1301	1.0585	6.2133	1.5683	0.6125
			係数b	0.9197	0.8052	0.9969	0.7647	0.7292	0.9294

**別表1-2　耐震改修設計に関する構造に係る一般業務のうち設計意図伝達業務を除いた業務に
　　　　　 係る標準業務人・時間数**

適用規模及び算定式 　A：業務人・時間数 　S：床面積の合計（m²）		一般業務に係る業務人・時間数の算定に係る係数
		構造
500 m²≦S≦7,500 m² A = a × S^b	係数 a	3.4765
	係数 b	0.6011

別表1-3　耐震診断一般業務に係る標準業務人・時間数

適用規模及び算定式 　A：業務人・時間数 　S：床面積の合計（m²）		耐震診断一般業務に係る業務人・時間数の算定に係る係数
500 m²≦S≦7,500 m² A = a × S^b	係数 a	21.052
	係数 b	0.4179

別表1-4　複合化係数

複合化係数	総合	構造	設備
設計	1.06	0.91	1.07
工事監理等	1.05	0.89	0.92

別表2−1　改修工事の設計に係る図面1枚毎の複雑度

図面の複雑度			複雑度に係る係数
建築	A	簡易	0.6
	B	標準	1.0
	C	複雑	1.4

図面の複雑度			複雑度に係る係数
設備	A	簡易	0.6
	B	標準	1.0
	C	複雑	1.4

別表2−2　設計業務に関する業務細分率

	業務内容の項目		第1類 総合	構造	設備	第2類 総合	構造	設備
基本設計に関する業務細分率	（1）　設計条件等の整理	（ⅰ）　条件整理	0.02	0.01	0.02	0.02	0.01	0.02
		（ⅱ）　設計条件の変更等の場合の協議	0.01	0.01	0.01	0.01	0.01	0.01
	（2）　法令上の諸条件の調査及び関係機関との打合せ	（ⅰ）　法令上の諸条件の調査	0.01	0.01	0.01	0.02	0.01	0.01
		（ⅱ）　建築確認申請に係る関係機関との打合せ	0.01	0.01	0.01	0.01	0.01	0.01
	（3）　上下水道、ガス、電力、通信等の供給状況の調査及び関係機関との打合せ		0.01	0.01	0.01	0.01	0.01	0.01
	（4）　基本設計方針の策定	（ⅰ）　総合検討	0.07	0.06	0.05	0.07	0.06	0.06
		（ⅱ）　基本設計方針の策定及び建築主への説明	0.02	0.02	0.02	0.02	0.02	0.02
	（5）　基本設計図書の作成		0.09	0.08	0.05	0.09	0.07	0.06
	（6）　概算工事費の検討		0.03	0.02	0.03	0.03	0.01	0.03
	（7）　基本設計内容の建築主への説明等		0.01	0.01	0.02	0.01	0.01	0.02
実施設計に関する業務細分率	（1）　要求の確認	（ⅰ）　建築主の要求等の確認	0.03	0.04	0.04	0.02	0.04	0.04
		（ⅱ）　設計条件の変更等の場合の協議	0.01	0.01	0.01	0.01	0.01	0.01
	（2）　法令上の諸条件の調査及び関係機関との打合せ	（ⅰ）　法令上の諸条件の調査	0.02	0.02	0.02	0.02	0.02	0.02
		（ⅱ）　建築確認申請に係る関係機関との打合せ	0.01	0.02	0.02	0.01	0.02	0.02
	（3）　実施設計方針の策定	（ⅰ）　総合検討	0.07	0.07	0.07	0.07	0.07	0.06
		（ⅱ）　実施設計のための基本事項の確定	0.03	0.03	0.03	0.03	0.03	0.03
		（ⅲ）　実施設計方針の策定及び建築主への説明	0.02	0.02	0.02	0.02	0.02	0.02
	（4）　実施設計図書の作成	（ⅰ）　実施設計図書の作成	0.28	0.30	0.29	0.28	0.32	0.29
		（ⅱ）　建築確認申請図書の作成	0.04	0.05	0.04	0.04	0.05	0.04
	（5）　概算工事費の検討		0.03	0.03	0.04	0.03	0.03	0.04
	（6）　実施設計内容の建築主への説明等		0.02	0.02	0.03	0.02	0.02	0.03
設計意図の伝達に関する業務細分率	（1）　設計意図を正確に伝えるための質疑応答、説明等		0.10	0.09	0.10	0.10	0.09	0.09
	（2）　工事材料、設備機器等の選定に関する設計意図の観点からの検討、助言等		0.06	0.06	0.06	0.06	0.06	0.06

別表 2－3　工事監理業務に関する業務細分率

業務内容の項目		業務分野	総合	構造	設備
工事監理に係る業務細分率	（1）　工事監理方針の説明等	（ⅰ）　工事監理方針の説明	0.01	0.01	0.02
		（ⅱ）　工事監理方法変更の場合の協議	0.01	0.01	0.01
	（2）　設計図書の内容の把握等	（ⅰ）　設計図書の内容の把握	0.06	0.08	0.06
		（ⅱ）　質疑書の検討	0.08	0.09	0.07
	（3）　設計図書に照らした施工図等の検討及び報告	（ⅰ）　施工図等の検討及び報告	0.18	0.19	0.19
		（ⅱ）　工事材料、設備機器等の検討及び報告	0.06	0.06	0.09
	（4）　工事と設計図書との照合及び確認		0.16	0.20	0.13
	（5）　工事と設計図書との照合及び確認の結果報告等		0.05	0.04	0.05
	（6）　工事監理報告書等の提出		0.06	0.05	0.08
工事監理に関するその他の業務に係る業務細分率	（1）　請負代金内訳書の検討及び報告		0.01	0.01	0.01
	（2）　工程表の検討及び報告		0.06	0.02	0.06
	（3）　設計図書に定めのある施工計画の検討及び報告		0.11	0.09	0.09
	（4）　工事と工事請負契約との照合、確認、報告等	（ⅰ）　工事と工事請負契約との照合、確認、報告	0.04	0.04	0.04
		（ⅱ）　工事請負契約に定められた指示、検査等	0.05	0.04	0.04
		（ⅲ）　工事が設計図書の内容に適合しない疑いがある場合の破壊検査	0.00	0.01	0.00
	（5）　工事請負契約の目的物の引渡しの立会い		0.02	0.02	0.02
	（6）　関係機関の検査の立会い等		0.03	0.03	0.03
	（7）　工事費支払いの審査	（ⅰ）　工事期間中の工事費支払い請求の審査	0.01	0.01	0.01
		（ⅱ）　最終支払い請求の審査			

別表 2−4　工事監理業務に関する標準的な対象外業務細分率

	業務内容の項目		対象外業務細分率
工事監理に係る対象外業務細分率	（1）　工事監理方針の説明等	（ⅰ）　工事監理方針の説明	－
		（ⅱ）　工事監理方法変更の場合の協議	－
	（2）　設計図書の内容の把握等	（ⅰ）　設計図書の内容の把握	0.01
		（ⅱ）　質疑書の検討	0.02
	（3）　設計図書に照らした施工図等の検討及び報告	（ⅰ）　施工図等の検討及び報告	－
		（ⅱ）　工事材料、設備機器等の検討及び報告	－
	（4）　工事と設計図書との照合及び確認		－
	（5）　工事と設計図書との照合及び確認の結果報告等		0.01
	（6）　工事監理報告書等の提出		－
工事監理に関するその他の業務に係る対象外業務細分率	（1）　請負代金内訳書の検討及び報告		0.01
	（2）　工程表の検討及び報告		－
	（3）　設計図書に定めのある施工計画の検討及び報告		－
	（4）　工事と工事請負契約との照合、確認、報告等	（ⅰ）　工事と工事請負契約との照合、確認、報告	0.00
		（ⅱ）　工事請負契約に定められた指示、検査等	0.01
		（ⅲ）　工事が設計図書の内容に適合しない疑いがある場合の破壊検査	－
	（5）　工事請負契約の目的物の引渡しの立会い		0.02
	（6）　関係機関の検査の立会い等		0.00
	（7）　工事費支払いの審査	（ⅰ）　工事期間中の工事費支払い請求の審査	0.01
		（ⅱ）　最終支払い請求の審査	

Ⅱ　参考資料

　この参考資料は、「官庁施設の設計業務等積算基準」及び「官庁施設の設計業務等積算要領」に基づく設計業務等委託料の円滑な算定に資するため、（一社）公共建築協会が、業務報酬基準に関する告示や技術的助言、官庁施設の設計業務等積算基準等の運用通知をはじめ、モデルを設定して算定事例を収録したものです。

1　業務報酬基準等

○国土交通省告示第八号

　建築士法（昭和二十五年法律第二百二号）第二十五条の規定に基づき、建築士事務所の開設者がその業務に関して請求することのできる報酬の基準を次のように定める。

　令和六年一月九日

国土交通大臣　斉藤　鉄夫

建築士事務所の開設者がその業務に関して請求することのできる報酬の基準

第一　業務報酬の算定方法

　建築士事務所の開設者が建築物の設計、工事監理、建築工事契約に関する事務又は建築工事の指導監督の業務（以下「設計等の業務」という。）に関して請求することのできる報酬は、複数の建築物について同一の設計図書を用いる場合その他の特別の場合を除き、第二の業務経費、第三の技術料等経費及び消費税に相当する額を合算する方法により算定することを標準とする。

第二　業務経費

　業務経費は、次のイからニまでに定めるところによりそれぞれ算定される直接人件費、特別経費、直接経費及び間接経費の合計額とする。この場合において、これらの経費には、課税仕入れの対価に含まれる消費税に相当する額は含まないものとする。

　イ　直接人件費

　　直接人件費は、設計等の業務に直接従事する者のそれぞれについての当該業務に関して必要となる給与、諸手当、賞与、退職給与、法定保険料等の人件費の一日当たりの額に当該業務に従事する延べ日数を乗じて得た額の合計とする。

　ロ　特別経費

　　特別経費は、出張旅費、特許使用料その他の建築主の特別の依頼に基づいて必要となる費用の合計額とする。

　ハ　直接経費

　　直接経費は、印刷製本費、複写費、交通費等設計等の業務に関して直接必要となる費用（ロに定める経費を除く。）の合計額とする。

　ニ　間接経費

　　間接経費は、設計等の業務を行う建築士事務所を管理運営していくために必要な人件費、研究調査費、研修費、減価償却費、通信費、消耗品費等の費用（イからハまでに定める経費を除く。）のうち、当該業務に関して必要となる費用の合計額とする。

第三　技術料等経費

　技術料等経費は、設計等の業務において発揮される技術力、創造力等の対価として支払われる費用とする。

第四　直接人件費等に関する略算方法による算定

　業務経費のうち直接人件費並びに直接経費及び間接経費の合計額の算定については、第二のイ、ハ又はニの規定にかかわらず、次のイ又はロに定める算定方法を標準とした略算方法によることができるものとする。ただし、建築物の床面積の合計が、別添二に掲げる建築物の類型ごとに別添三に掲げる床面積の合計の欄に掲げる値のうちの最も小さい値を下回る建築物又は最も大きい値を上回る建築物にあっては、その略算方法によることができないものとする。

　　イ　直接人件費

　　　設計等の業務でその内容が別添一に掲げる標準業務内容であるものに係る直接人件費の算定については、別添二に掲げる建築物の類型に応じて、通常当該業務に従事する者一人について一時間当たりに要する人件費に別添三に掲げる標準業務人・時間数を乗じて算定する方法

　　ロ　直接経費及び間接経費の合計額

　　　直接経費及び間接経費の合計額の算定については、直接人件費の額に一・一を標準とする倍数を乗じて算定する方法

2　異なる二以上の用途に供する建築物で、別添二に掲げる建築物の類型のうち複数に該当するものに係る直接人件費については、前項イに定める算定方法に準ずる方法により、各用途ごとの当該用途に供する部分の床面積の合計その他の事情を考慮して算定することができるものとする。

3　第一項イに定める算定方法において、標準業務内容のうち一部の業務のみ行う場合は、別添三に掲げる標準業務人・時間数から行われない業務に対応した業務人・時間数を削減することにより算定するものとする。

4　第一項イに定める算定方法において、別添四に掲げる業務内容など標準業務内容に含まれない追加的な業務を行う場合は、別添三に掲げる標準業務人・時間数に当該業務に対応した業務人・時間数を付加することにより算定するものとする。

5　第一項ロに定める算定方法において、直接経費及び間接経費が通常の場合に比べ著しく異なる場合は、乗ずる倍数を調整することにより算定するものとする。

附　則

1　この告示は、公布の日から施行する。

2　建築士事務所の開設者がその業務に関して請求することのできる報酬の基準（平成三十一年国土交通省告示第九十八号）は、廃止する。

別添一

　標準業務は、設計又は工事監理に必要な情報が提示されている場合に、一般的な設計受託契約又は工事監理受託契約に基づいて、その債務を履行するために行う業務とし、その内容を以下に掲げる。

1　設計に関する標準業務

一　基本設計に関する標準業務

　建築主から提示された要求その他の諸条件を設計条件として整理した上で、建築物の配置計画、平面と空間の構成、各部の寸法や面積、建築物として備えるべき機能、性能、主な使用材料や設備機器の種別と品質、建築物の内外の意匠等を検討し、それらを総合して、別添二第一号から第十二号までに掲げる建築物並びに第十三号及び第十四号に掲げる建築物（木造のものを除く。）にあってはロ（1）に、別添二第十三号及び第十四号に掲げる建築物（木造のものに限る。）並びに第十五号に掲げる建築物にあってはロ（2）に掲げる成果図書を作成するために必要なイに掲げる業務をいう。

イ　業務内容

項　目		業務内容
（1）　設計条件等の整理	（ⅰ）　条件整理	耐震性能や設備機能の水準など建築主から提示されるさまざまな要求その他の諸条件を設計条件として整理する。
	（ⅱ）　設計条件の変更等の場合の協議	建築主から提示される要求の内容が不明確若しくは不適切な場合若しくは内容に相互矛盾がある場合又は整理した設計条件に変更がある場合においては、建築主に説明を求め又は建築主と協議する。
（2）　法令上の諸条件の調査及び関係機関との打合せ	（ⅰ）　法令上の諸条件の調査	基本設計に必要な範囲で、建築物の建築に関する法令及び条例上の制約条件を調査する。
	（ⅱ）　建築確認申請に係る関係機関との打合せ	基本設計に必要な範囲で、建築確認申請を行うために必要な事項について関係機関と事前に打合せを行う。
（3）　上下水道、ガス、電力、通信等の供給状況の調査及び関係機関との打合せ		基本設計に必要な範囲で、敷地に対する上下水道、ガス、電力、通信等の供給状況等を調査し、必要に応じて関係機関との打合せを行う。
（4）　基本設計方針の策定	（ⅰ）　総合検討	設計条件に基づき、様々な基本設計方針案の検証を通じて、基本設計をまとめていく考え方を総合的に検討し、その上で業務体制、業務工程等を立案する。
	（ⅱ）　基本設計方針の策定及び建築主への説明	総合検討の結果を踏まえ、基本設計方針を策定し、建築主に対して説明する。
（5）　基本設計図書の作成		基本設計方針に基づき、建築主と協議の上、基本設計図書を作成する。
（6）　概算工事費の検討		基本設計図書の作成が完了した時点において、当該基本設計図書に基づく建築工事に通常要する費用を概算し、工事費概算書（工事費内訳明細書、数量調書等を除く。以下同じ。）を作成する。
（7）　基本設計内容の建築主への説明等		基本設計を行っている間、建築主に対して、作業内容や進捗状況を報告し、必要な事項について建築主の意向を確認する。また、基本設計図書の作成が完了した時点において、基本設計図書を建築主に提出し、建築主に対して設計意図（当該設計に係る設計者の考えをいう。以下同じ。）及び基本設計内容の総合的な説明を行う。

ロ　成果図書

（１）　戸建木造住宅以外の建築物に係る成果図書

設計の種類			成果図書
（１）　総合			①　計画説明書 ②　仕様概要書 ③　仕上概要表 ④　面積表及び求積図 ⑤　敷地案内図 ⑥　配置図 ⑦　平面図（各階） ⑧　断面図 ⑨　立面図 ⑩　工事費概算書
（２）　構造			①　構造計画説明書 ②　構造設計概要書 ③　工事費概算書
（３）　設備	（ⅰ）　電気設備		①　電気設備計画説明書 ②　電気設備設計概要書 ③　工事費概算書 ④　各種技術資料
	（ⅱ）　給排水衛生設備		①　給排水衛生設備計画説明書 ②　給排水衛生設備設計概要書 ③　工事費概算書 ④　各種技術資料
	（ⅲ）　空調換気設備		①　空調換気設備計画説明書 ②　空調換気設備設計概要書 ③　工事費概算書 ④　各種技術資料
	（ⅳ）　昇降機等		①　昇降機等計画説明書 ②　昇降機等設計概要書 ③　工事費概算書 ④　各種技術資料

（注）　1　建築物の計画に応じ、作成されない図書がある場合がある。
　　　　2　（１）から（３）までに掲げる成果図書に記載すべき事項をこれらの成果図書のうち他の成果図書に
　　　　　記載する場合がある。
　　　　3　「総合」とは、建築物の意匠に関する設計並びに意匠、構造及び設備に関する設計をとりまとめる設
　　　　　計を、「構造」とは、建築物の構造に関する設計を、「設備」とは建築物の設備に関する設計をいう。
　　　　4　（２）及び（３）に掲げる成果図書は、（１）に掲げる成果図書に含まれる場合がある。
　　　　5　「昇降機等」には、機械式駐車場を含む。
　　　　6　「計画説明書」には、設計主旨及び計画概要に関する記載を含む。
　　　　7　「設計概要書」には、仕様概要及び計画図に関する記載を含む。

（2）　戸建木造住宅に係る成果図書

設計の種類	成果図書
（1）　総合	①　仕様概要書 ②　仕上概要表 ③　配置図 ④　平面図（各階） ⑤　断面図 ⑥　立面図 ⑦　工事費概算書
（2）　構造	①　仕様概要書 ②　工事費概算書
（3）　設備	①　仕様概要書 ②　設備位置図（電気、給排水衛生及び空調換気） ③　工事費概算書

（注）　1　建築物の計画に応じ、作成されない図書がある場合がある。
　　　　2　（1）から（3）までに掲げる成果図書に記載すべき事項をこれらの成果図書のうち他の成果図書に記載する場合がある。
　　　　3　「総合」とは、建築物の意匠に関する設計並びに意匠、構造及び設備に関する設計をとりまとめる設計を、「構造」とは、建築物の構造に関する設計を、「設備」とは建築物の設備に関する設計をいう。
　　　　4　（2）及び（3）に掲げる成果図書は、（1）に掲げる成果図書に含まれる場合がある。

二　実施設計に関する標準業務

　　工事施工者が設計図書の内容を正確に読み取り、設計意図に合致した建築物の工事を的確に行うことができるように、また、工事費の適正な見積りができるように、基本設計に基づいて、設計意図をより詳細に具体化し、その結果として、別添二第一号から第十二号までに掲げる建築物並びに第十三号及び第十四号に掲げる建築物（木造のものを除く。）にあってはロ（1）に、別添二第十三号及び第十四号に掲げる建築物（木造のものに限る。）並びに第十五号に掲げる建築物にあってはロ（2）に掲げる成果図書を作成するために必要なイに掲げる業務をいう。

イ　業務内容

項　目		業務内容
（1）　要求等の確認	（ⅰ）　建築主の要求等の確認	実施設計に先立ち又は実施設計期間中、建築主の要求等を再確認し、必要に応じ、設計条件の修正を行う。
	（ⅱ）　設計条件の変更等の場合の協議	基本設計の段階以降の状況の変化によって、建築主の要求等に変化がある場合、施設の機能、規模、予算等基本的条件に変更が生じる場合又はすでに設定した設計条件を変更する必要がある場合においては、建築主と協議する。
（2）　法令上の諸条件の調査及び関係機関との打合せ	（ⅰ）　法令上の諸条件の調査	建築物の建築に関する法令及び条例上の制約条件について、基本設計の内容に即した詳細な調査を行う。
	（ⅱ）　建築確認申請に係る関係機関との打合せ	実施設計に必要な範囲で、建築確認申請を行うために必要な事項について関係機関と事前に打合せを行う。

項　目		業務内容
（3）　実施設計方針の策定	（ⅰ）　総合検討	基本設計に基づき、意匠、構造及び設備の各要素について検討し、必要に応じて業務体制、業務工程等を変更する。
	（ⅱ）　実施設計のための基本事項の確定	基本設計の段階以降に検討された事項のうち、建築主と協議して合意に達しておく必要のあるもの及び検討作業の結果、基本設計の内容に修正を加える必要があるものを整理し、実施設計のための基本事項を確定する。
	（ⅲ）　実施設計方針の策定及び建築主への説明	総合検討の結果及び確定された基本事項を踏まえ、実施設計方針を策定し、建築主に説明する。
（4）　実施設計図書の作成	（ⅰ）　実施設計図書の作成	実施設計方針に基づき、建築主と協議の上、技術的な検討、予算との整合の検討等を行い、実施設計図書を作成する。なお、実施設計図書においては、工事施工者が施工すべき建築物及びその細部の形状、寸法、仕様並びに工事材料、設備機器等の種別及び品質並びに特に指定する必要のある施工に関する情報（工法、工事監理の方法、施工管理の方法等）を具体的に表現する。
	（ⅱ）　建築確認申請図書の作成	関係機関との事前の打合せ等を踏まえ、実施設計に基づき、必要な建築確認申請図書を作成する。
（5）　概算工事費の検討		実施設計図書の作成が完了した時点において、当該実施設計図書に基づく建築工事に通常要する費用を概算し、工事費概算書を作成する。
（6）　実施設計内容の建築主への説明等		実施設計を行っている間、建築主に対して、作業内容や進捗状況を報告し、必要な事項について建築主の意向を確認する。また、実施設計図書の作成が完了した時点において、実施設計図書を建築主に提出し、建築主に対して設計意図及び実施設計内容の総合的な説明を行う。

ロ　成果図書
（1）　戸建木造住宅以外の建築物に係る成果図書

設計の種類		成果図書
（1）　総合		①　建築物概要書 ②　仕様書 ③　仕上表 ④　面積表及び求積図 ⑤　敷地案内図 ⑥　配置図 ⑦　平面図（各階） ⑧　断面図 ⑨　立面図（各面） ⑩　矩計図 ⑪　展開図 ⑫　天井伏図（各階） ⑬　平面詳細図 ⑭　部分詳細図 ⑮　建具表 ⑯　工事費概算書 ⑰　各種計算書 ⑱　その他確認申請に必要な図書
（2）　構造		①　仕様書 ②　構造基準図 ③　伏図（各階） ④　軸組図 ⑤　部材断面表 ⑥　部分詳細図 ⑦　構造計算書 ⑧　工事費概算書 ⑨　その他確認申請に必要な図書
（3）　設備	（ｉ）　電気設備	①　仕様書 ②　敷地案内図 ③　配置図 ④　受変電設備図 ⑤　非常電源設備図 ⑥　幹線系統図 ⑦　電灯、コンセント設備平面図（各階） ⑧　動力設備平面図（各階） ⑨　通信・情報設備系統図 ⑩　通信・情報設備平面図（各階） ⑪　火災報知等設備系統図 ⑫　火災報知等設備平面図（各階） ⑬　その他設置設備設計図 ⑭　屋外設備図 ⑮　工事費概算書 ⑯　各種計算書 ⑰　その他確認申請に必要な図書

設計の種類		成果図書
（3） 設備	（ii） 給排水衛生設備	① 仕様書 ② 敷地案内図 ③ 配置図 ④ 給排水衛生設備配管系統図 ⑤ 給排水衛生設備配管平面図（各階） ⑥ 消火設備系統図 ⑦ 消火設備平面図（各階） ⑧ 排水処理設備図 ⑨ その他設置設備設計図 ⑩ 部分詳細図 ⑪ 屋外設備図 ⑫ 工事費概算書 ⑬ 各種計算書 ⑭ その他確認申請に必要な図書
	（iii） 空調換気設備	① 仕様書 ② 敷地案内図 ③ 配置図 ④ 空調設備系統図 ⑤ 空調設備平面図（各階） ⑥ 換気設備系統図 ⑦ 換気設備平面図（各階） ⑧ その他設置設備設計図 ⑨ 部分詳細図 ⑩ 屋外設備図 ⑪ 工事費概算書 ⑫ 各種計算書 ⑬ その他確認申請に必要な図書
	（iv） 昇降機等	① 仕様書 ② 敷地案内図 ③ 配置図 ④ 昇降機等平面図 ⑤ 昇降機等断面図 ⑥ 部分詳細図 ⑦ 工事費概算書 ⑧ 各種計算書 ⑨ その他確認申請に必要な図書

（注） 1 建築物の計画に応じ、作成されない図書がある場合がある。
2 （1）から（3）までに掲げる成果図書に記載すべき事項をこれらの成果図書のうち他の成果図書に記載する場合がある。
3 「総合」とは、建築物の意匠に関する設計並びに意匠、構造及び設備に関する設計をとりまとめる設計を、「構造」とは、建築物の構造に関する設計を、「設備」とは建築物の設備に関する設計をいう。
4 「昇降機等」には、機械式駐車場を含む。

（2）　戸建木造住宅に係る成果図書

設計の種類	成果図書
（1）　総合	①　建築物概要書 ②　仕様書 ③　仕上表 ④　面積表 ⑤　敷地案内図 ⑥　配置図 ⑦　平面図（各階） ⑧　断面図 ⑨　立面図（各面） ⑩　矩計図 ⑪　展開図 ⑫　天井伏図 ⑬　建具表 ⑭　工事費概算書 ⑮　その他確認申請に必要な図書
（2）　構造	①　仕様書 ②　基礎伏図 ③　床伏図 ④　はり伏図 ⑤　小屋伏図 ⑥　軸組図 ⑦　構造計算書 ⑧　工事費概算書 ⑨　その他確認申請に必要な図書
（3）　設備	①　仕様書 ②　設備位置図（電気、給排水衛生及び空調換気） ③　工事費概算書 ④　その他確認申請に必要な図書

（注）　1　建築物の計画に応じ、作成されない図書がある場合がある。
　　　　2　（1）から（3）までに掲げる成果図書に記載すべき事項をこれらの成果図書のうち他の成果図書に記載する場合がある。
　　　　3　「総合」とは、建築物の意匠に関する設計並びに意匠、構造及び設備に関する設計をとりまとめる設計を、「構造」とは、建築物の構造に関する設計を、「設備」とは建築物の設備に関する設計をいう。
　　　　4　別添二第十五号に該当する建築物については、確認申請に必要な図書のみとする。

三　工事施工段階で設計者が行うことに合理性がある実施設計に関する標準業務

　　工事施工段階において、設計者が、設計意図を正確に伝えるため、前号ロに掲げる成果図書に基づき、質疑応答、説明、工事材料、設備機器等の選定に関する検討、助言等を行う次に掲げる業務をいう。

項　目	業務内容
（1）　設計意図を正確に伝えるための質疑応答、説明等	工事施工段階において、設計意図を正確に伝えるための質疑応答、説明等を建築主を通じて工事監理者及び工事施工者に対して行う。また、設計図書等の定めにより、設計意図が正確に反映されていることを確認する必要がある部材、部位等に係る施工図等の確認を行う。
（2）　工事材料、設備機器等の選定に関する設計意図の観点からの検討、助言等	設計図書等の定めにより、工事施工段階において行うことに合理性がある工事材料、設備機器等及びそれらの色、柄、形状等の選定に関して、設計意図の観点からの検討を行い、必要な助言等を建築主に対して行う。

2 工事監理に関する標準業務及びその他の標準業務

一 工事監理に関する標準業務

前項第二号ロに定める成果図書に基づき、工事を設計図書と照合し、それが設計図書のとおりに実施されているかいないかを確認するために行う次に掲げる業務をいう。

項　目		業務内容
（1）　工事監理方針の説明等	（ⅰ）　工事監理方針の説明	工事監理の着手に先立って、工事監理体制その他工事監理方針について建築主に説明する。
	（ⅱ）　工事監理方法変更の場合の協議	工事監理の方法に変更の必要が生じた場合、建築主と協議する。
（2）　設計図書の内容の把握等	（ⅰ）　設計図書の内容の把握	設計図書の内容を把握し、設計図書に明らかな矛盾、誤謬、脱漏、不適切な納まり等を発見した場合には、建築主に報告し、必要に応じて建築主を通じて設計者に確認する。
	（ⅱ）　質疑書の検討	工事施工者から工事に関する質疑書が提出された場合、設計図書に定められた品質（形状、寸法、仕上がり、機能、性能等を含む。）確保の観点から技術的に検討し、必要に応じて建築主を通じて設計者に確認の上、回答を工事施工者に通知する。
（3）　設計図書に照らした施工図等の検討及び報告	（ⅰ）　施工図等の検討及び報告	設計図書の定めにより、工事施工者が作成し、提出する施工図（躯体図、工作図、製作図等をいう。）、製作見本、見本施工等が設計図書の内容に適合しているかについて検討し、建築主に報告する。
	（ⅱ）　工事材料、設備機器等の検討及び報告	設計図書の定めにより、工事施工者が提案又は提出する工事材料、設備機器等（当該工事材料、設備機器等に係る製造者及び専門工事業者を含む。）及びそれらの見本が設計図書の内容に適合しているかについて検討し、建築主に報告する。
（4）　工事と設計図書との照合及び確認		工事施工者の行う工事が設計図書の内容に適合しているかについて、設計図書に定めのある方法による確認のほか、目視による確認、抽出による確認、工事施工者から提出される品質管理記録の確認等、確認対象工事に応じた合理的方法により確認を行う。
（5）　工事と設計図書との照合及び確認の結果報告等		工事と設計図書との照合及び確認の結果、工事が設計図書のとおりに実施されていないと認めるときは、直ちに、工事施工者に対して、その旨を指摘し、当該工事を設計図書のとおりに実施するよう求め、工事施工者がこれに従わないときは、その旨を建築主に報告する。なお、工事施工者が設計図書のとおりに施工しない理由について建築主に報告した場合においては、建築主及び工事施工者と協議する。
（6）　工事監理報告書等の提出		工事と設計図書との照合及び確認を全て終えた後、工事監理報告書等を建築主に提出する。

二　その他の標準業務

前号に定める業務と一体となって行われる次に掲げる業務をいう。

項　目		業務内容
（1）　請負代金内訳書の検討及び報告		工事施工者から提出される請負代金内訳書の適否を合理的な方法により検討し、建築主に報告する。
（2）　工程表の検討及び報告		工事請負契約の定めにより工事施工者が作成し、提出する工程表について、工事請負契約に定められた工期及び設計図書に定められた品質が確保できないおそれがあるかについて検討し、確保できないおそれがあると判断するときは、その旨を建築主に報告する。
（3）　設計図書に定めのある施工計画の検討及び報告		設計図書の定めにより、工事施工者が作成し、提出する施工計画（工事施工体制に関する記載を含む。）について、工事請負契約に定められた工期及び設計図書に定められた品質が確保できないおそれがあるかについて検討し、確保できないおそれがあると判断するときは、その旨を建築主に報告する。
（4）　工事と工事請負契約との照合、確認、報告等	（ⅰ）　工事と工事請負契約との照合、確認、報告	工事施工者の行う工事が工事請負契約の内容（設計図書に関する内容を除く。）に適合しているかについて、目視による確認、抽出による確認、工事施工者から提出される品質管理記録の確認等、確認対象工事に応じた合理的な方法により確認を行う。なお、確認の結果、適合していない箇所がある場合、工事施工者に対して是正の指示を与え、工事施工者がこれに従わないときは、その旨を建築主に報告する。
	（ⅱ）　工事請負契約に定められた指示、検査等	工事請負契約に定められた指示、検査、試験、立会い、確認、審査、承認、助言、協議等（設計図書に定めるものを除く。）を行い、また工事施工者がこれを求めたときは、速やかにこれに応じる。
	（ⅲ）　工事が設計図書の内容に適合しない疑いがある場合の破壊検査	工事施工者の行う工事が設計図書の内容に適合しない疑いがあり、かつ、破壊検査が必要と認められる相当の理由がある場合にあっては、工事請負契約の定めにより、その理由を工事施工者に通知の上、必要な範囲で破壊して検査する。
（5）　工事請負契約の目的物の引渡しの立会い		工事施工者から建築主への工事請負契約の目的物の引渡しに立会う。
（6）　関係機関の検査の立会い等		建築基準法等の法令に基づく関係機関の検査に必要な書類を工事施工者の協力を得てとりまとめるとともに、当該検査に立会い、その指摘事項等について、工事施工者等が作成し、提出する検査記録等に基づき建築主に報告する。
（7）　工事費支払いの審査	（ⅰ）　工事期間中の工事費支払い請求の審査	工事施工者から提出される工事期間中の工事費支払いの請求について、工事請負契約に適合しているかどうかを技術的に審査し、建築主に報告する。
	（ⅱ）　最終支払い請求の審査	工事施工者から提出される最終支払いの請求について、工事請負契約に適合しているかどうかを技術的に審査し、建築主に報告する。

別添二

建築物の類型	建築物の用途等	
	第1類（標準的なもの）	第2類（複雑な設計等を必要とするもの）
一　物流施設	車庫、倉庫、立体駐車場等	立体倉庫、物流ターミナル等
二　生産施設	組立工場等	化学工場、薬品工場、食品工場、特殊設備を付帯する工場等
三　運動施設	体育館、武道館、スポーツジム等	屋内プール、スタジアム等
四　業務施設	事務所等	銀行、本社ビル、庁舎等
五　商業施設	店舗、料理店、スーパーマーケット等	百貨店、ショッピングセンター、ショールーム等
六　共同住宅	公営住宅、社宅、共同住宅、寄宿舎等	―
七　教育施設	幼稚園、小学校、中学校、高等学校等	―
八　専門的教育・研究施設	大学、専門学校等	大学（実験施設等を有するもの）、専門学校（実験施設等を有するもの）、研究所等
九　宿泊施設	ホテル、旅館等	ホテル（宴会場等を有するもの）、保養所等
十　医療施設	病院、診療所等	総合病院等
十一　福祉・厚生施設	保育園、老人ホーム、老人保健施設、リハビリセンター、多機能福祉施設等	―
十二　文化・交流・公益施設	公民館、集会場、コミュニティセンター等	映画館、劇場、美術館、博物館、図書館、研修所、警察署、消防署等
十三　戸建住宅（詳細設計及び構造計算を必要とするもの）	戸建住宅	―
十四　戸建住宅（詳細設計を必要とするもの）	戸建住宅	―
十五　その他の戸建住宅	戸建住宅	―

（注）　1　社寺、教会堂、茶室等の特殊な建築物及び複数の類型の混在する建築物は、本表には含まれない。
　　　　2　第1類は、標準的な設計等の建築物が通常想定される用途を、第2類は、複雑な設計等が必要とされる建築物が通常想定される用途を記載しているものであり、略算方法による算定にあたっては、設計等の内容に応じて適切な区分を適用すること。

別添三

1　別添一第1項に掲げる業務内容に係る標準業務人・時間数は、別添二に掲げる建築物の類型ごとに、別表第1の1から別表第15までの表の（一）設計の欄に掲げるものとする。

2　別添一第2項に掲げる業務内容に係る標準業務人・時間数は、別添二に掲げる建築物の類型ごとに、別表第1の1から別表第15までの表の（二）工事監理等の欄に掲げるものとする。

3　別表第1の1から別表第12までの表において、総合の欄に掲げる標準業務人・時間数は、（一）設計の欄においては別添一第1項第一号ロ及び第二号ロの（1）表の（1）総合の欄に掲げる成果図書に係る標準業務人・時間数と、（二）工事監理等の欄においては別添一第1項第二号ロの（1）表の（1）総合の欄に掲げる成果図書に係る標準業務人・時間数とする。ただし、建築物が次の表の（い）建築物の欄に掲げる建築物に該当する場合においては、（一）設計にあっては同表（ろ）設計の欄に掲げる倍数（複数の建築物に該当する場合にあっては該当する全ての倍数を乗じたもの）を、（二）工事監理等にあっては同表（は）工事監理等の欄に掲げる倍数（複数の建築物に該当する場合にあっては該当する全ての倍数を乗じたもの）をそれぞれ、該当する業務人・時間数に乗じたものを標準業務人・時間数とする。

（い）　建築物	（ろ）　設計	（は）　工事監理等
特殊な形状の建築物又は特殊な敷地上の建築物	—	1.30
木造の建築物	1.08	1.13

4　別表第1の1から別表第12までの表において、構造の欄に掲げる標準業務人・時間数は、（一）設計の欄においては別添一第1項第一号ロ及び第二号ロの（1）表の（2）構造の欄に掲げる成果図書に係る標準業務人・時間数と、（二）工事監理等の欄においては別添一第1項第二号ロの（1）表の（2）構造の欄に掲げる成果図書に係る標準業務人・時間数とする。ただし、建築物が次の表の（い）建築物の欄に掲げる建築物に該当する場合においては、（一）設計にあっては同表（ろ）設計の欄に掲げる倍数（複数の建築物に該当する場合にあっては該当する全ての倍数を乗じたもの）を、（二）工事監理等にあっては同表（は）工事監理等の欄に掲げる倍数（複数の建築物に該当する場合にあっては該当する全ての倍数を乗じたもの）をそれぞれ、該当する業務人・時間数に乗じたものを標準業務人・時間数とする。

（い）　建築物	（ろ）　設計	（は）　工事監理等
特殊な形状の建築物又は特殊な敷地上の建築物	1.13	1.25
特殊な解析、性能検証等を要する建築物、特殊な構造の建築物（国土交通大臣の認定を要するものを除く。）又は免震建築物（国土交通大臣の認定を要するものを除く。）	1.22	1.23
木造の建築物	1.02	1.16

5　別表第1の1から別表第12までの表において、設備の欄に掲げる標準業務人・時間数は、（一）設計の欄においては別添一第1項第一号ロ及び第二号ロの（1）表の（3）設備の欄に掲げる成果図書に係る標準業務人・時間数と、（二）工事監理等の欄においては別添一第1項第二号ロの（1）表の（3）設備の欄に掲げる成果図書に係る標準業務人・時間数とする。

ただし、建築物が次の表の（い）建築物の欄に掲げる建築物に該当する場合においては、（一）設計にあっては同表（ろ）設計の欄に掲げる倍数（複数の建築物に該当する場合にあっては該当する全ての倍数を乗じたもの）を、（二）工事監理等にあっては同表（は）工事監理等の欄に掲げる倍数（複数の建築物に該当する場合にあっては該当する全ての倍数を乗じたもの）をそれぞれ、該当する業務人・時間数に乗じたものを標準業務人・時間数とする。

（い）　建築物	（ろ）　設計	（は）　工事監理等
特殊な形状の建築物又は特殊な敷地上の建築物	1.09	1.35
特別な性能を有する設備が設けられる建築物	1.21	1.08

6　別表第13から別表第15までの表において、総合の欄に掲げる標準業務人・時間数は、（一）設計の欄においては別添一第1項第一号ロ及び第二号ロの（2）表の（1）総合の欄に掲げる成果図書に係る標準業務人・時間数と、（二）工事監理等の欄においては別添一第1項第二号ロの（2）表の（1）総合の欄に掲げる成果図書に係る標準業務人・時間数とする。ただし、建築物が次の表の（い）建築物の欄に掲げる建築物に該当する場合においては、（一）設計にあたっては同表（ろ）設計の欄に掲げる倍数を、（二）工事監理等にあたっては同表（は）工事監理等の欄に掲げる倍数をそれぞれ、該当する業務人・時間数に乗じたものを標準業務人・時間数とする。

（い）　建築物	（ろ）　設計	（は）　工事監理等
特殊な形状の建築物又は特殊な敷地上の建築物	1.29	1.59

7　別表第13から別表第15までの表において、構造の欄に掲げる標準業務人・時間数は、（一）設計の欄においては別添一第1項第一号ロ及び第二号ロの（2）表の（2）構造の欄に掲げる成果図書に係る標準業務人・時間数と、（二）工事監理等の欄においては別添一第1項第二号ロの（2）表の（2）構造の欄に掲げる成果図書に係る標準業務人・時間数とする。ただし、建築物が次の表の（い）建築物の欄に掲げる建築物に該当する場合においては、（一）設計にあっては同表（ろ）設計の欄に掲げる倍数を、（二）工事監理等にあっては同表（は）工事監理等の欄に掲げる倍数をそれぞれ、該当する業務人・時間数に乗じたものを標準業務人・時間数とする。

（い）　建築物	（ろ）　設計	（は）　工事監理等
特殊な形状の建築物、特殊な敷地上の建築物、特殊な解析、性能検証等を要する建築物、特殊な構造の建築物（国土交通大臣の認定を要するものを除く。）又は免震建築物（国土交通大臣の認定を要するものを除く。）	2.17	2.44

8　別表第13から別表第15までの表において、設備の欄に掲げる標準業務人・時間数は、（一）設計の欄においては別添一第1項第一号ロ及び第二号ロの（2）表の（3）設備の欄に掲げる成果図書に係る標準業務人・時間数と、（二）工事監理等の欄においては別添一第1項第二号ロの（2）表の（3）設備の欄に掲げる成果図書に係る標準業務人・時間数とする。

ただし、建築物が次の表の（い）建築物の欄に掲げる建築物に該当する場合においては、（一）設計にあっては同表（ろ）設計の欄に掲げる倍数を、（二）工事監理等にあっては同表（は）工事監理等の欄に掲げる倍数をそれぞれ、該当する業務人・時間数に乗じたものを標準業務人・時間数とする。

（い）　建築物	（ろ）　設計	（は）　工事監理等
特殊な形状の建築物、特殊な敷地上の建築物又は特別な性能を有する設備が設けられる建築物	1.18	1.09

9　別表第1の1から別表第15までの表において、標準業務人・時間数は、一級建築士として2年又は二級建築士として7年の建築に関する業務経験を有する者が設計又は工事監理等を行うために必要な業務人・時間数の標準を示したものである。

10　別表第1の1から別表第15までの表において、床面積の算定は、建築物の各階又はその一部で壁その他の区画の中心線で囲まれた部分の水平投影面積によるものとする。

別表第1の1　物流施設　(別添二第一号 (第1類) 関係)

(単位　人・時間)

床面積の合計		100 m²	150 m²	200 m²	300 m²	500 m²	750 m²	1,000 m²	1,500 m²	2,000 m²	3,000 m²	5,000 m²	7,500 m²	10,000 m²	15,000 m²	20,000 m²	30,000 m²	50,000 m²	75,000 m²	100,000 m²
(一) 設計	総合	220	270	310	370	470	570	660	790	900	1,000	1,300	1,600	1,900	2,200	2,600	3,100	3,900	4,800	5,500
	構造	74	94	110	140	180	240	280	360	420	540	720	920	1,000	1,300	1,600	2,000	2,700	3,500	4,100
	設備	61	76	88	110	140	170	200	250	300	370	490	600	700	880	1,000	1,200	1,600	2,000	2,400
(二) 工事監理等	総合	60	76	89	110	150	190	220	280	330	420	560	710	840	1,000	1,200	1,500	2,100	2,700	3,100
	構造	12	17	21	28	41	55	68	92	110	150	220	300	370	500	620	840	1,200	1,600	2,000
	設備	13	17	20	27	38	50	61	80	97	120	180	240	290	380	460	610	870	1,100	1,400

別表第1の2　物流施設　(別添二第一号 (第2類) 関係)

(単位　人・時間)

床面積の合計		3,200 m²	5,000 m²	7,500 m²	10,000 m²	15,000 m²	20,000 m²	30,000 m²	50,000 m²	67,000 m²	75,000 m²	100,000 m²
(一) 設計	総合	1,700	2,400	3,300	4,100	5,600	7,000	9,600	14,100	17,600	19,200	23,800
	構造	500	720	1,000	1,200	1,700	2,200	3,100	4,700	6,000	6,600	8,400
	設備	380	550	780	1,000	1,400	1,700	2,500	3,800	4,900	5,400	6,900
(二) 工事監理等	総合	720	1,000	1,300	1,600	2,200	2,700	3,700	5,400	6,800	7,400	9,100
	構造	81	120	190	260	400	540	830	1,400	1,900	2,100	2,900
	設備	130	200	290	370	540	690	990	1,500	2,000	2,200	2,800

別表第2の1　生産施設　(別添二第二号 (第1類) 関係)

(単位　人・時間)

床面積の合計		100 m²	150 m²	200 m²	300 m²	500 m²	750 m²	1,000 m²	1,500 m²	2,000 m²	3,000 m²	5,000 m²	7,500 m²	10,000 m²	15,000 m²	20,000 m²	30,000 m²	50,000 m²	75,000 m²
(一) 設計	総合	320	400	470	580	760	940	1,100	1,300	1,500	1,900	2,500	3,200	3,700	4,600	5,400	6,700	8,800	10,900
	構造	94	120	140	180	250	330	400	510	610	790	1,100	1,400	1,700	2,100	2,600	3,300	4,600	6,000
	設備	73	95	110	150	210	270	330	430	520	680	950	1,200	1,500	1,900	2,300	3,000	4,300	5,600
(二) 工事監理等	総合	110	140	160	210	270	340	400	510	600	750	990	1,200	1,400	1,800	2,100	2,600	3,500	4,400
	構造	41	51	60	75	98	120	140	170	200	250	340	420	490	620	720	900	1,100	1,400
	設備	37	48	57	72	97	120	140	180	220	280	380	480	570	730	860	1,100	1,400	1,900

別表第2の2　生産施設（別添二第二号（第2類）関係）

（単位　人・時間）

床面積の合計		100 m²	150 m²	200 m²	300 m²	500 m²	750 m²	1,000 m²	1,500 m²	2,000 m²	3,000 m²	5,000 m²	7,500 m²	10,000 m²	15,000 m²	20,000 m²	30,000 m²	50,000 m²	75,000 m²
(一) 設計	総合	470	580	680	840	1,100	1,300	1,600	1,900	2,300	2,800	3,700	4,600	5,400	6,700	7,800	9,700	12,700	15,800
	構造	140	180	210	270	380	490	590	760	910	1,100	1,600	2,100	2,500	3,200	3,800	5,000	6,900	8,900
	設備	120	160	190	250	350	460	550	720	870	1,100	1,600	2,000	2,500	3,200	3,900	5,100	7,200	9,400
(二) 工事監理等	総合	140	180	210	270	360	450	520	660	770	970	1,200	1,600	1,800	2,300	2,700	3,400	4,600	5,700
	構造	41	51	60	75	98	120	140	170	200	250	340	420	490	620	720	900	1,100	1,400
	設備	48	61	72	92	120	150	180	230	280	360	480	620	730	930	1,100	1,400	1,900	2,400

別表第3の1　運動施設（別添二第三号（第1類）関係）

（単位　人・時間）

床面積の合計		340 m²	500 m²	750 m²	1,000 m²	1,500 m²	2,000 m²	3,000 m²	5,000 m²	7,500 m²	10,000 m²
(一) 設計	総合	450	640	940	1,200	1,700	2,300	3,400	5,400	7,900	10,400
	構造	220	290	400	490	670	830	1,100	1,600	2,200	2,700
	設備	230	310	430	540	750	940	1,300	1,900	2,700	3,400
(二) 工事監理等	総合	190	270	400	520	750	980	1,400	2,200	3,200	4,200
	構造	59	76	100	120	160	190	250	350	470	560
	設備	99	130	190	240	340	440	630	970	1,300	1,700

別表第3の2　運動施設（別添二第三号（第2類）関係）

（単位　人・時間）

床面積の合計		3,500 m²	5,000 m²	7,500 m²	10,000 m²	15,000 m²	20,000 m²	30,000 m²	49,000 m²
(一) 設計	総合	6,800	8,800	11,800	14,600	19,600	24,100	32,400	46,300
	構造	1,300	1,800	2,500	3,300	4,800	6,200	9,000	14,000
	設備	2,400	3,000	4,000	4,900	6,600	8,000	10,600	14,900
(二) 工事監理等	総合	1,600	2,200	3,200	4,200	6,100	8,000	11,500	18,100
	構造	280	350	470	560	740	900	1,100	1,600
	設備	710	970	1,300	1,700	2,400	3,100	4,400	6,700

別表第4の1　業務施設（別添二第四号）（第1類）関係

（単位　人・時間）

床面積の合計		100 m²	150 m²	200 m²	300 m²	500 m²	750 m²	1,000 m²	1,500 m²	2,000 m²	3,000 m²	5,000 m²	7,500 m²	10,000 m²	15,000 m²	20,000 m²	30,000 m²	50,000 m²
(一) 設計	総合	150	210	280	400	630	900	1,100	1,600	2,100	3,000	4,800	6,900	8,900	12,700	16,400	23,500	37,000
	構造	73	100	120	170	250	340	420	580	730	990	1,400	2,000	2,500	3,400	4,200	5,800	8,600
	設備	28	44	59	91	150	240	320	500	680	1,000	1,800	2,700	3,700	5,800	7,800	12,100	20,800
(二) 工事監理等	総合	110	150	180	240	350	460	560	750	910	1,200	1,700	2,200	2,700	3,700	4,500	5,900	8,500
	構造	24	32	39	52	73	97	110	150	190	250	350	470	570	760	920	1,200	1,700
	設備	23	32	42	59	92	130	170	240	310	440	690	980	1,200	1,800	2,300	3,300	5,100

別表第4の2　業務施設（別添二第四号）（第2類）関係

（単位　人・時間）

床面積の合計		300 m²	500 m²	750 m²	1,000 m²	1,500 m²	2,000 m²	3,000 m²	5,000 m²	7,500 m²	10,000 m²	15,000 m²	20,000 m²	30,000 m²	50,000 m²	75,000 m²	100,000 m²
(一) 設計	総合	650	1,000	1,400	1,800	2,700	3,500	5,000	7,800	11,200	14,500	20,700	26,700	35,300	54,900	78,000	100,100
	構造	220	320	440	550	750	940	1,200	1,900	2,600	3,200	4,400	5,500	6,600	9,600	12,900	15,900
	設備	140	250	380	520	800	1,000	1,600	2,900	4,400	6,000	9,300	12,600	13,700	22,600	33,700	44,700
(二) 工事監理等	総合	360	510	680	830	1,100	1,300	1,700	2,500	3,300	4,100	5,400	6,600	8,900	12,800	17,100	20,900
	構造	72	100	130	160	210	260	350	500	660	800	1,000	1,200	1,500	2,200	2,900	3,500
	設備	59	92	130	170	240	310	440	690	980	1,200	1,800	2,300	2,800	4,300	6,000	7,700

別表第5の1　商業施設（別添二第五号）（第1類）関係

（単位　人・時間）

床面積の合計		100 m²	150 m²	200 m²	300 m²	500 m²	750 m²	1,000 m²	1,500 m²	2,000 m²	3,000 m²	5,000 m²	7,500 m²	10,000 m²	15,000 m²	20,000 m²	23,000 m²
(一) 設計	総合	150	210	250	340	490	660	810	1,000	1,300	1,700	2,500	3,400	4,200	5,600	6,900	7,600
	構造	35	49	61	85	120	170	220	300	380	530	800	1,100	1,400	1,900	2,400	2,700
	設備	32	46	61	88	140	200	260	390	510	740	1,100	1,700	2,200	3,300	4,300	4,900
(二) 工事監理等	総合	37	54	70	100	160	230	300	430	570	820	1,300	1,900	2,400	3,500	4,600	5,200
	構造	9	12	15	20	30	42	52	72	90	120	180	250	320	440	550	620
	設備	7	11	14	20	32	47	62	89	110	160	270	390	510	740	970	1,100

別表第5の2　商業施設（別添二第五号（第2類）関係）

(単位　人・時間)

床面積の合計		1,500 m²	2,000 m²	3,000 m²	5,000 m²	7,500 m²	10,000 m²	15,000 m²	20,000 m²	23,000 m²	30,000 m²	50,000 m²	75,000 m²	80,000 m²
(一) 設計	総合	2,100	2,600	3,400	4,800	6,400	7,700	10,200	12,300	13,500	16,200	22,800	29,900	31,200
	構造	550	670	880	1,200	1,600	1,900	2,600	3,100	3,400	4,100	5,800	7,600	7,900
	設備	390	510	740	1,100	1,700	2,200	3,300	4,300	4,900	6,200	10,000	14,700	15,600
(二) 工事監理等	総合	430	570	820	1,300	1,900	2,400	3,500	4,600	5,200	6,700	10,700	15,500	16,500
	構造	72	90	120	180	250	320	440	550	620	760	1,100	1,500	1,600
	設備	190	230	300	420	540	650	850	1,000	1,100	1,300	1,800	2,300	2,400

別表第6　共同住宅（別添二第六号関係）

(単位　人・時間)

床面積の合計		100 m²	150 m²	200 m²	300 m²	500 m²	750 m²	1,000 m²	1,500 m²	2,000 m²	3,000 m²	5,000 m²	7,500 m²	10,000 m²	15,000 m²	20,000 m²	30,000 m²	50,000 m²	75,000 m²	100,000 m²
(一) 設計	総合	190	250	320	430	640	870	1,000	1,400	1,800	2,500	3,600	5,000	6,200	8,400	10,500	18,000	27,400	38,400	48,700
	構造	68	94	110	160	240	330	410	570	710	980	1,400	2,000	2,500	3,500	4,300	6,400	9,800	13,500	17,100
	設備	37	53	68	98	150	220	290	410	540	770	1,200	1,700	2,200	3,200	4,200	6,500	10,400	15,100	19,700
(二) 工事監理等	総合	100	140	170	220	320	430	530	700	860	1,100	1,600	2,100	2,600	3,500	4,300	5,600	8,000	10,600	12,900
	構造	15	21	27	39	61	87	110	150	200	290	450	650	840	1,200	1,500	1,900	2,900	4,100	5,300
	設備	18	25	33	47	74	100	130	190	250	370	580	840	1,000	1,500	2,000	2,800	4,400	6,300	8,100

別表第7（別添二第七号関係）

(単位　人・時間)

床面積の合計		100 m²	150 m²	200 m²	300 m²	500 m²	750 m²	1,000 m²	1,500 m²	2,000 m²	3,000 m²	5,000 m²	7,500 m²	10,000 m²	15,000 m²
(一) 設計	総合	320	440	550	760	1,100	1,500	1,900	2,500	3,200	4,300	6,400	8,800	11,000	14,900
	構造	98	130	160	220	320	430	530	720	890	1,200	1,700	2,300	2,900	3,900
	設備	120	170	210	280	420	560	690	930	1,100	1,500	2,200	3,000	3,700	5,000
(二) 工事監理等	総合	260	320	370	460	610	760	880	1,100	1,200	1,500	2,000	2,500	3,000	3,700
	構造	35	45	55	71	100	130	150	200	240	320	450	590	720	940
	設備	50	68	85	110	170	230	290	400	510	700	1,000	1,400	1,700	2,400

別表第8の1　専門的教育・研究施設（別添二第八号（第1類）関係）

（単位　人・時間）

床面積の合計		200 m²	300 m²	500 m²	750 m²	1,000 m²	1,500 m²	2,000 m²	3,000 m²	5,000 m²	7,500 m²	10,000 m²	15,000 m²	20,000 m²	30,000 m²	50,000 m²
(一) 設計	総合	660	900	1,300	1,800	2,200	3,100	3,800	5,200	7,700	10,500	13,100	17,900	22,300	30,400	44,900
	構造	140	190	280	380	470	630	780	1,000	1,500	2,000	2,500	3,400	4,200	5,600	8,200
	設備	270	360	510	680	830	1,100	1,300	1,700	2,500	3,400	4,100	5,500	6,700	8,900	12,800
(二) 工事監理等	総合	190	260	380	520	640	860	1,000	1,400	2,000	2,700	3,400	4,600	5,700	7,600	11,100
	構造	56	73	100	130	150	200	240	310	420	550	660	850	1,000	1,300	1,800
	設備	66	89	130	170	210	290	360	480	710	950	1,100	1,500	1,900	2,600	3,800

別表第8の2　専門的教育・研究施設（別添二第八号（第2類）関係）

（単位　人・時間）

床面積の合計		750 m²	1,000 m²	1,500 m²	2,000 m²	3,000 m²	5,000 m²	7,500 m²	10,000 m²	15,000 m²	20,000 m²	30,000 m²	50,000 m²
(一) 設計	総合	1,900	2,400	3,200	4,000	5,500	8,200	11,100	13,900	18,900	23,600	32,100	47,500
	構造	560	700	940	1,100	1,500	2,200	3,000	3,700	5,100	6,200	8,400	12,300
	設備	790	960	1,200	1,500	2,000	2,900	3,900	4,800	6,400	7,800	10,400	14,900
(二) 工事監理等	総合	520	640	860	1,000	1,400	2,000	2,700	3,400	4,600	5,700	7,600	11,100
	構造	170	210	270	330	420	590	760	910	1,100	1,400	1,800	2,500
	設備	200	250	340	420	570	830	1,100	1,300	1,800	2,300	3,100	4,500

別表第9の1　宿泊施設（別添二第九号（第1類）関係）

（単位　人・時間）

床面積の合計		200 m²	300 m²	500 m²	750 m²	1,000 m²	1,500 m²	2,000 m²	3,000 m²	5,000 m²	7,500 m²	10,000 m²	15,000 m²
(一) 設計	総合	510	690	990	1,300	1,600	2,100	2,600	3,500	5,100	6,800	8,300	11,100
	構造	150	190	280	360	440	580	700	920	1,200	1,600	2,000	2,600
	設備	66	98	160	240	320	470	630	930	1,500	2,200	3,000	4,500
(二) 工事監理等	総合	190	260	390	540	670	920	1,100	1,500	2,300	3,100	3,900	5,400
	構造	40	53	76	100	120	160	200	270	380	510	630	840
	設備	32	48	79	110	150	230	300	450	740	1,100	1,400	2,100

別表第９の２　宿泊施設（別添二第九号）（第２類）関係

（単位　人・時間）

床面積の合計		4,400 m²	5,000 m²	7,500 m²	9,500 m²	10,000 m²	15,000 m²	20,000 m²	30,000 m²	46,000 m²
（一）設計	総合	8,000	9,100	14,000	18,000	19,000	29,200	39,600	60,700	95,200
	構造	1,100	1,200	1,700	2,100	2,200	3,200	4,000	5,700	8,200
	設備	2,000	2,300	3,500	4,400	4,600	6,800	9,100	13,500	20,400
（二）工事監理等	総合	2,100	2,500	4,000	5,200	5,600	8,900	12,400	19,800	32,400
	構造	410	450	600	710	740	980	1,200	1,500	2,100
	設備	530	600	890	1,100	1,100	1,700	2,300	3,400	5,100

別表第１０の１　医療施設（別添二第十号）（第１類）関係

（単位　人・時間）

床面積の合計		150 m²	200 m²	300 m²	500 m²	750 m²	1,000 m²	1,500 m²	2,000 m²	3,000 m²	5,000 m²	7,500 m²	10,000 m²	15,000 m²
（一）設計	総合	700	840	1,000	1,500	1,900	2,300	3,000	3,600	4,700	6,600	8,500	10,300	13,300
	構造	120	140	190	270	360	440	590	720	950	1,300	1,800	2,100	2,900
	設備	95	120	170	280	400	520	760	980	1,400	2,200	3,200	4,200	6,100
（二）工事監理等	総合	160	200	270	390	520	630	840	1,000	1,300	1,900	2,500	3,100	4,200
	構造	17	21	28	41	55	67	90	110	140	210	280	350	470
	設備	33	40	54	79	100	130	170	210	290	420	560	690	930

別表第１０の２　医療施設（別添二第十号）（第２類）関係

（単位　人・時間）

床面積の合計		4,200 m²	5,000 m²	7,500 m²	10,000 m²	13,000 m²	15,000 m²	20,000 m²	30,000 m²	50,000 m²	75,000 m²	100,000 m²
（一）設計	総合	5,900	6,800	9,200	11,500	14,000	15,600	19,400	26,400	38,900	52,900	65,800
	構造	1,500	1,600	2,100	2,500	2,900	3,100	3,700	4,700	6,300	8,000	9,500
	設備	1,800	2,100	2,900	3,700	4,600	5,200	6,600	9,300	14,200	19,900	25,200
（二）工事監理等	総合	1,500	1,700	2,400	3,100	3,900	4,400	5,600	7,900	12,200	17,100	21,900
	構造	340	380	500	600	710	780	940	1,200	1,600	2,100	2,600
	設備	450	530	760	990	1,200	1,400	1,800	2,700	4,300	6,200	8,100

別表第 1 1　福祉・厚生施設（別添二第十一号関係）

（単位　人・時間）

床面積の合計			100 m²	150 m²	200 m²	300 m²	500 m²	750 m²	1,000 m²	1,500 m²	2,000 m²	3,000 m²	5,000 m²	7,500 m²	10,000 m²	15,000 m²
(一) 設計	総合		220	300	380	530	800	1,100	1,400	1,900	2,400	3,400	5,100	7,100	9,000	12,500
	構造		60	83	100	140	220	310	400	560	720	1,000	1,500	2,100	2,700	3,800
	設備		37	56	75	110	180	280	370	560	750	1,100	1,900	2,800	3,800	5,700
(二) 工事監理等	総合		120	160	190	260	380	500	620	820	1,000	1,300	1,900	2,500	3,100	4,200
	構造		21	27	33	43	60	78	94	120	140	190	270	350	430	560
	設備		19	27	35	50	79	110	140	200	270	380	600	870	1,100	1,600

別表第 1 2 の 1　文化・交流・公益施設（別添二第十二号（第 1 類）関係）

（単位　人・時間）

床面積の合計			150 m²	200 m²	300 m²	500 m²	750 m²	1,000 m²	1,500 m²	2,000 m²	3,000 m²	5,000 m²	7,500 m²	10,000 m²
(一) 設計	総合		480	630	920	1,400	2,100	2,700	4,000	5,200	7,600	12,200	17,800	23,200
	構造		160	200	280	420	590	740	1,000	1,300	1,800	2,700	3,700	4,700
	設備		150	200	300	500	750	1,000	1,500	2,000	3,000	5,000	7,500	10,000
(二) 工事監理等	総合		280	350	480	720	980	1,200	1,600	2,000	2,800	4,100	5,700	7,100
	構造		61	75	100	140	190	240	320	400	530	780	1,000	1,200
	設備		65	84	120	190	280	370	540	710	1,000	1,600	2,400	3,100

別表第 1 2 の 2　文化・交流・公益施設（別添二第十二号（第 2 類）関係）

（単位　人・時間）

床面積の合計			300 m²	500 m²	750 m²	1,000 m²	1,500 m²	2,000 m²	3,000 m²	5,000 m²	7,500 m²	10,000 m²	15,000 m²	20,000 m²	30,000 m²
(一) 設計	総合		1,100	1,700	2,500	3,300	4,800	6,300	9,200	14,700	21,300	27,800	40,400	52,700	76,500
	構造		300	460	640	810	1,100	1,400	1,900	2,900	4,100	5,200	7,200	9,000	12,600
	設備		310	510	770	1,000	1,500	2,000	3,000	5,100	7,700	10,200	15,400	20,500	30,700
(二) 工事監理等	総合		480	720	980	1,200	1,600	2,000	2,800	4,100	5,700	7,100	9,700	12,000	16,400
	構造		100	140	190	240	320	400	530	780	1,000	1,200	1,700	2,100	2,800
	設備		120	190	280	370	540	710	1,000	1,600	2,400	3,100	4,600	6,000	8,800

別表第１３　戸建住宅（詳細設計及び構造計算を必要とするもの）（別添二第十三号関係）

（単位　人・時間）

床面積の合計		100 m²	150 m²	200 m²	300 m²
（一）設計	総合	260	360	450	620
	構造	87	110	120	160
	設備	57	75	92	120
（二）工事監理等	総合	100	120	150	180
	構造	25	30	34	42
	設備	24	32	39	51

別表第１４　戸建住宅（詳細設計を必要とするもの）（別添二第十四号関係）

（単位　人・時間）

床面積の合計		100 m²	150 m²	200 m²	300 m²
（一）設計	総合	210	290	370	510
	構造	71	90	100	130
	設備	57	75	92	120
（二）工事監理等	総合	100	120	150	180
	構造	25	30	34	42
	設備	24	32	39	51

別表第１５　その他の戸建住宅（別添二第十五号関係）

（単位　人・時間）

床面積の合計		100 m²	150 m²	200 m²	300 m²
（一）設計	総合	130	180	220	310
	構造	35	44	52	65
	設備	17	23	28	37
（二）工事監理等	総合	85	100	120	150
	構造	21	25	29	35
	設備	12	16	19	25

別添四

　設計受託契約に基づく別添一第1項に掲げる設計に関する標準業務に付随して実施される業務並びに工事監理受託契約に基づく別添一第2項に掲げる工事監理に関する標準業務及びその他の標準業務に付随して実施される業務は、次に掲げる業務その他の業務とする。

1．建築物の設計のための企画及び立案並びに事業計画に係る調査及び検討並びに報告書の作成等の業務

2．建築基準関係規定その他の法令又は条例に基づく許認可等に関する業務

3．建築物の立地、規模又は事業の特性により必要となる許認可等に関する業務

4．評価、調整、調査、分析、検討、技術開発又は協議等に関する業務で次に掲げるもの

　一　建築物の防災又は減災に関する業務

　二　環境の保全に関する業務

　三　建築物による電波の伝搬障害の防止に関する業務（標準業務に該当しないものに限る。）

　四　建築物の維持管理又は運営等に係る収益又は費用の算定等に関する業務

　五　建築物の地震に対する安全性等の評価等に関する業務

　六　法令等に基づく認定若しくは評価等又は補助制度の活用に関する業務

　七　特別な成果物の作成に関する業務

　八　建築主以外の第三者に対する説明に関する業務

　九　建築物の維持管理又は運営等の支援に関する業務

　十　施工費用の検討及び算定等に関する業務

　十一　施工又は発注の支援に関する業務

　十二　設計の変更に伴い発生する業務

　十三　その他建築物の計画に付随する業務

都道府県知事　殿

国土交通省住宅局長

建築士事務所の開設者がその業務に関して請求することのできる報酬の基準について
（技術的助言）

　建築士法（昭和２５年法律第２０２号）第２５条の規定に基づき、建築士事務所の開設者がその業務に関して請求することのできる報酬の基準（以下「業務報酬基準」という。）について、別紙のとおり、令和６年１月９日国土交通省告示第８号（以下「告示」という。）として定められたところであるが、下記事項に留意のうえ、業務報酬基準が業務報酬の合理的かつ適正な算定に資するよう、貴管内の建築士事務所、発注者等に対して、関係団体を通じる等によって周知徹底を図られたい。

　今回制定した業務報酬基準については、平成３１年国土交通省告示第９８号による業務報酬基準から、現在の実情に応じ戸建住宅を含む略算表の改定を行うほか、略算法における難易度による補正方法などの見直しを行うとともに、技術的助言においては、新たに制定した業務報酬基準に係る補足を行うものである。

　建築士事務所による設計等の業務の適切かつ円滑な実施の推進にあたっては、建築士法に基づく重要事項の説明や書面による契約締結が必要であるとともに、一括再委託が禁止されているので、建築士事務所の適切な業務実施体制の整備について指導を推進されるよう併せてお願いする。

　なお、本通知の発出に伴い、平成３１年１月２１日付け国住指第３４１８号「建築士事務所の開設者がその業務に関して請求することのできる報酬の基準について」は、廃止する。

記

１　業務報酬基準の趣旨・目的

　　業務報酬の基準を定める目的は、業務報酬の合理的かつ適正な算定に資することにより、ひいては、建築士事務所による設計等の業務の適切かつ円滑な実施の推進に資することである。なお、設計・工事監理の業務に対する報酬の額は、あくまで個別の契約において、当事者間の合意に基づいて定められるべきであるが、消費者保護や設計等の業務の質の確保の観点から、建築士法第２２条の３の４の規定により、設計受託契約又は工事監理受託契約を締結しようとする者は、業務報酬基準に準拠した委託代金で契約を締結するよう努めなければならないこととされているので留意すること。

2　業務報酬の算定方法（告示第一関連）

　　業務報酬基準は、業務報酬の算定基礎を明確にするため、業務の具体的な内容と数量的に対応する経費（業務経費）及び建築士事務所の業務経験や情報の蓄積等に基づいて発揮される技術力、創造力等の対価としての経費（技術料等経費）によって構成する方法を標準としている。

　　なお、業務報酬基準は、設計、工事監理、建築工事契約に関する事務又は建築工事の指導監督の業務を対象としており、建築物に関する調査又は鑑定その他の業務は対象外である。

　　また、業務報酬基準は、個別の業務内容に対応して経費を算定することができる通常の一般的な業務を前提とするものであり、いわゆる標準設計による場合、複数の建築物について同一の設計図書を用いる場合、設計内容が特に芸術的性格が強い場合、極めて特殊な構造方法等を採用する場合、複数の用途から複雑に構成され個別性が高い場合等で、この算定方法が必ずしもなじまない場合においては、他の合理的な算定方法によることが適切である。

3　業務経費（告示第二関連）

　　業務経費は、直接人件費、特別経費、直接経費、間接経費といった業務を行ううえで必要となる経費であり、業務の具体的な内容と数量的に対応するものである。

4　技術料等経費（告示第三関連）

　　技術料等経費は、建築士事務所の業務経験や情報の蓄積等に基づいて発揮される技術力、創造力等の対価であり、個別の事情に応じて、契約前に当事者間の協議を行い、定められるのが適切である。

5　直接人件費等に関する略算方法による算定（告示第四関連）
（1）　直接人件費等に関する略算方法

　　　　直接人件費並びに直接経費及び間接経費の算定については、業務に従事する者の構成が複雑な場合、並行して他の業務に従事していて当該業務に従事する時間数を区分して算定することが困難な場合、当該業務に係る経費を他の業務に係る経費と区分して算定することが困難な場合等が多い実情に鑑み、略算方法を示すこととした。

　　　　なお、標準業務人・時間数は、実態調査に基づき、床面積の合計が告示別添三別表第1の1から別表第15までに掲げる床面積の合計の建築物に係る標準業務人・時間数を定めたものであり、床面積の合計が、告示別添三別表第1の1から別表第15までに掲げる値のうちの最も小さい値を下回る建築物又は最も大きい値を上回る建築物にあっては、調査対象外の規模であることから、略算方法によることができないものとしている。

　　　　また、標準業務人・時間数は、建築物を新築する場合の業務量を示しており、建築物の増改築又は修繕・模様替、設計変更などに係る業務量の算定に際しては、標準業務人・時間数をそのまま適用することは不適切であり、別途適切な方法により算定する必要がある。また、複数の建築物の類型が複雑に混在する建築物に係る業務量の算定についても、同様である。

なお、各建築士事務所において略算方法を用いる場合には、業務報酬基準で定めた標準業務内容及びそれに対応した標準業務人・時間数表等を参考として、建築士事務所ごとに、直接人件費の算定については業務内容及びそれに対応した業務人・時間数表をあらかじめ作成し、直接経費及び間接経費の算定についてはその合計と直接人件費との割合をあらかじめ算定しておく等の措置をとることが望ましい。

（イ）　直接人件費
　　直接人件費については、設計等の業務の個別の実態にかかわらず、標準業務内容に対応する標準業務人・時間数に基づいて算定することができることとしたものである。

（ロ）　直接経費及び間接経費の合計額
　　直接経費及び間接経費の合計額については、設計等の業務の個別の実態にかかわらず、標準業務内容を行う場合の直接人件費に対応して算定することができることとしたものである。

（２）　複合建築物に係る略算法に準じた算定方法
　　異なる二以上の用途に供する建築物で、告示別添二に掲げる建築物の類型のうち複数に該当するものに係る直接人件費については、用途や規模の組合せ、建築物の構造等により、略算法を適用する方法が異なると考えられることから、個別の事情に応じて略算法に準じた方法により算定できるとしたものである。

（３）　一部の業務のみを行う場合の直接人件費の算定方法
　　標準業務内容のうち一部のみを行う場合は、標準業務人・時間数に一定の業務人・時間数を削減することにより、個別の建築物に係る業務人・時間数を算定することとしている。
　　この一部の業務のみ行う場合には、告示別添三別表第1の1から別表第15まで掲げる設計及び工事監理等の業務において、総合、構造又は設備の業務分野を個別に行う場合だけでなく、基本設計のみを行う場合や実施設計のみを行う場合を含むものとする。

（４）　標準業務内容に含まれない追加的な業務
　　標準業務内容に含まれない追加的な業務については、告示別添四に掲げる業務内容のほか、建築主から特に依頼された業務を標準業務に付随して行う場合には、標準業務人・時間数に当該業務に対応した業務人・時間数を付加することにより算定することとしている。
　　これらの追加的な業務については、個別の事例において、契約前に当事者間の協議を行い、適切な合意を得たうえで、その業務内容や報酬額について、契約等として明らかにしておくことが適切である。また、契約後に当初想定されなかった業務を建築主から依頼された場合にあっては、建築士法第22条の3の3第2項の規定に基づき、速やかに当事者間の協議を行い、変更の内容を書面に記載し、署名又は記名押印をして相互に交付することで、その業務内容や報酬額について明らかにしておくことが必要である。

6　標準業務内容（告示別添一関連）

　　標準業務は、設計又は工事監理に必要な情報が提示されている場合に、一般的な設計受託契約又は工事監理受託契約に基づいて、その債務を履行するために行う業務である。従って、標準業務は、建築物の敷地の選定に係る企画業務、資金計画等の事業計画の策定に係る企画業務、土質や埋蔵文化財に係る調査業務など設計に必要な情報を得るための調査、企画等に係る業務が、設計前の段階において実施されていることを前提としている。

7　標準業務人・時間数（告示別添三関連）

（１）　標準業務人・時間数について

　　標準業務人・時間数は、告示別添二に掲げるそれぞれの類型の建築物について、設計等の業務でその内容が標準業務内容であるものを行う場合に必要となる業務人・時間数を示すものである。

　　なお、別表第1の2物流施設（第2類）、別表第3の1運動施設（第1類）、別表第3の2運動施設（第2類）、別表第5の1商業施設（第1類）、別表第5の2商業施設（第2類）、別表第9の2宿泊施設（第2類）及び別表第10の2医療施設（第2類）に係る略算表については、実態調査を行った結果、有意な結果が得られなかったため、新たな業務報酬基準において改定していない。

（２）　難易度係数について

　　告示別添三第3項から第8項までの各表に掲げる建築物に複数該当する場合の標準業務人・時間数については、該当する全ての建築物に係る倍数を乗じて算定することを基本とする。

8　標準業務に付随する追加的な業務（告示別添四関連）

　　告示別添四各項に掲げる標準業務に付随して実施される業務は、あくまでも主な業務内容を例示したものであり、これ以外の業務であっても、告示別添一に掲げる準業務内容に含まれない業務は、追加的な業務となるので留意すること。

○国土交通省告示第六百七十号

建築士法（昭和二十五年法律第二百二号）第二十五条の規定に基づき、建築士事務所の開設者が耐震診断（建築物の耐震改修の促進に関する法律（平成七年法律第百二十三号）第二条第一項に規定する耐震診断をいう。以下同じ。）及び耐震改修（同条第二項に規定する耐震改修をいう。以下同じ。）に係る業務に関して請求することのできる報酬の基準を次のように定める。

平成二十七年五月二十五日

国土交通大臣　太田　昭宏

建築士事務所の開設者が耐震診断及び耐震改修に係る業務に関して請求することのできる報酬の基準

第一　業務報酬の算定方法

建築士事務所の開設者が耐震診断又は耐震改修に係る建築物の設計、工事監理、建築工事契約に関する事務、建築工事の指導監督又は建築物に関する調査若しくは鑑定（以下「設計等」という。）の業務に関して請求することのできる報酬は、特殊な構造方法の建築物に係る設計等の業務を行う場合その他の特別の場合を除き、第二の業務経費、第三の技術料等経費及び消費税に相当する額を合算する方法により算定することを標準とする。

第二　業務経費

業務経費は、次のイからホまでに定めるところによりそれぞれ算定される直接人件費、検査費、特別経費、直接経費及び間接経費の合計額とする。この場合において、これらの経費には、課税仕入れの対価に含まれる消費税に相当する額は含まないものとする。

イ　直接人件費

直接人件費は、設計等の業務に直接従事する者のそれぞれについての当該業務に関して必要となる給与、諸手当、賞与、退職給与、法定保険料等の人件費の一日当たりの額に当該業務に従事する延べ日数を乗じて得た額の合計とする。

ロ　検査費

検査費は、溶接部の超音波探傷検査、コンクリート供試体の圧縮強度検査その他の設計等の業務に附随して行う検査を第三者に委託する場合における当該検査に係る費用の合計額とする。

ハ　特別経費

特別経費は、出張旅費、特許使用料その他の設計等の委託者（以下「委託者」という。）の特別の依頼に基づいて必要となる費用（ロに定める経費を除く。）の合計額とする。

ニ　直接経費

直接経費は、印刷製本費、複写費、交通費等設計等の業務に関して直接必要となる費用（ロ及びハに定める経費を除く。）の合計額とする。

ホ　間接経費

間接経費は、設計等の業務を行う建築士事務所を管理運営していくために必要な人件費、研究調査費、研修費、減価償却費、通信費、消耗品費等の費用（イからニまでに定める経費を除く。）のうち、当該業務に関して必要となる費用の合計額とする。

第三　技術料等経費

技術料等経費は、設計等の業務において発揮される技術力、創造力等の対価として支払われる費用とする。

第四　直接人件費等に関する略算方法による算定

鉄骨造、鉄筋コンクリート造若しくは鉄骨鉄筋コンクリート造の建築物又は戸建木造住宅に係る設計等の業務を行う場合にあっては、業務経費のうち直接人件費並びに直接経費及び間接経費の合計額の算定については、第二のイ、ニ又はホにかかわらず、次のイ又はロに定める算定方法を標準とした略算方法によることができるものとする。ただし、建築物の床面積の合計が、鉄骨造、鉄筋コンクリート造又は鉄骨鉄筋コンクリート造の建築物にあっては別添二別表第一、戸建木造住宅にあっては別添二別表第二の床面積の合計の欄に掲げる値のうちの最も小さい値を下回る建築物又は最も大きい値を上回る建築物にあっては、その略算方法によることができないものとする。

イ　直接人件費

設計等の業務でその内容が別添一に掲げる標準業務内容であるものに係る直接人件費の算定は、通常当該標準業務に従事する者一人について一時間当たりに要する人件費に、別添二に掲げる標準業務人・時間数（別添二に掲げる標準業務人・時間数によることができない場合にあっては、別添一に掲げる標準業務内容について一級建築士として二年又は二級建築士として七年の建築に関する業務経験を有する者が当該標準業務を行うために必要な業務人・時間数を建築士事務所ごとに算定した場合における当該業務人・時間数。以下「標準業務内容に応じた業務人・時間数」という。）を乗じて算定する方法

ロ　直接経費及び間接経費の合計額

直接経費及び間接経費の合計額の算定は、直接人件費の額に一・〇を標準とする倍数を乗じて算定する方法

2　前項イに定める算定方法において、標準業務内容のうち一部の業務のみ行う場合は、標準業務内容に応じた業務人・時間数から行われない業務に対応した業務人・時間数を削減することにより算定するものとする。

3　第一項イに定める算定方法において、別添三に掲げる業務など標準業務内容に含まれない追加的な業務を行う場合は、当該業務に対応した業務人・時間数を標準業務内容に応じた業務人・時間数に付加することにより算定するものとする。

4　第一項イに定める算定方法において、平面及び立面が不整形であるなど特殊な形状の建築物又は軟弱な地盤であるなど特殊な敷地上の建築物に係る設計等の業務を行うために必要な業務人・時間数が標準業務内容に応じた業務人・時間数を超過した場合は、当該超過した業務人・時間数を加算することにより算定するものとする。

5　第一項ロに定める算定方法において、直接経費及び間接経費が通常の場合に比べ著しく異な

る場合は、乗ずる倍数を調整することにより算定するものとする。

　　　　附　　則

（施行期日）

第一条　この告示は、公布の日から施行する。

（建築士事務所の開設者がその業務に関して請求することのできる報酬の基準の一部改正）

第二条　建築士事務所の開設者がその業務に関して請求することのできる報酬の基準（平成二十一年国土交通省告示第十五号）の一部を次のように改正する。

　　次の題名をつける。

　　　　　　建築士事務所の開設者がその業務に関して請求することのできる報酬の基準

　制定文中「その業務」の下に「（耐震診断（建築物の耐震改修の促進に関する法律（平成七年法律第百二十三号）第二条第一項に規定する耐震診断をいう。）及び耐震改修（同条第二項に規定する耐震改修をいう。）に係る業務を除く。）」を加える。

　別添一第1項第一号イの表（1）の項（ⅱ）の項業務内容の欄中「場合又は」を「場合若しくは」に改め、同号ロ（1）の表（注）中6を7とし、2から5までを1ずつ繰り下げ、1の次に次のように加える。

2　（1）から（3）までに掲げる成果図書に記載すべき事項をこれらの成果図書のうち他の成果図書に記載する場合がある。

　別添一第1項第一号ロ（2）の表（注）中3を4とし、2を3とし、1の次に次のように加える。

2　（1）から（3）までに掲げる成果図書に記載すべき事項をこれらの成果図書のうち他の成果図書に記載する場合がある。

　別添一第1項第二号ロ（1）の表（3）の項（ⅰ）の項成果図書の欄中⑯を⑰とし、⑫から⑮までを1ずつ繰り下げ、⑫の次に次のように加える。

⑬　その他設置設備設計図

　別添一第1項第二号ロ（1）の表（注）及び（2）の表（注）中3を4とし、2を3とし、1の次に次のように加える。

2　（1）から（3）までに掲げる成果図書に記載すべき事項をこれらの成果図書のうち他の成果図書に記載する場合がある。

　別添四1.中第四号を削り、第五号を第四号とし、第六号を第五号とし、第七号を第六号とする。

別添一

　標準業務は、既存の建築物の設計図書等耐震診断又は耐震改修に必要な情報が提示されている場合に、耐震診断に係る一般的な受託契約又は耐震改修に係る一般的な設計受託契約若しくは工事監理受託契約に基づいて、その債務を履行するために行う業務（他の建築士事務所が行った耐震診断の結果を用いて行う耐震改修の業務を除く。）とし、その内容を以下に掲げる。

1　耐震診断に関する標準業務

　建築物の構造耐力上主要な部分（建築基準法施行令（昭和二十五年政令第三百三十八号）第一条第三号に規定するものをいう。以下同じ。）の配置、形状、寸法、接合の緊結の度、劣化状況（腐食、腐朽又は摩損の度をいう。以下同じ。）、材料強度等に関する実地調査を行った上で、当該実地調査の結果及び設計図書等に基づき、耐震診断結果報告書を作成するために必要な戸建木造住宅以外の建築物にあっては次のイに、戸建木造住宅にあっては次のロに掲げる業務をいう。

イ　戸建木造住宅以外の建築物に係る業務内容

項　目		業務内容
（1）　予備調査	（ⅰ）　予備調査	建築物の概要について、設計図書、建築物の建築に関する法令及び条例（以下「建築関係法令」という。）に基づく過去の申請書等により確認する。
		建築物の過去の増築、改築、修繕又は模様替の有無、使用状況、被災状況、劣化状況等について、委託者からの聞き取り等により確認する。
		実地調査を行う部分にある被覆材等の建築材料に石綿が添加されていないかどうかについて、設計図書等により確認する。
		鉄骨造又は鉄骨鉄筋コンクリート造の建築物にあっては、溶接部に用いられる建築材料の受入検査の内容について、設計図書等により確認する。
	（ⅱ）　実地調査及び耐震診断の方針の策定並びに委託者への説明	予備調査の結果を踏まえ、実地調査の方針及び使用する耐震診断方法（平成十八年国土交通省告示第百八十四号別添第一の規定による耐震診断の方法をいう。以下同じ。）等を明らかにした耐震診断の方針を策定し、委託者に説明する。
（2）　実地調査		実地調査の方針に基づき、目視又は計測により、構造耐力上主要な部分の配置、形状、寸法、接合の緊結の度、劣化状況及び材料強度、建築物の階数、平面及び立面の形状並びに用途、建築物に作用する荷重の数値等に関する実地調査を行う。
		当該実地調査の結果が、設計図書等と整合していることを確認する。
		当該実地調査の結果を踏まえ、追加の調査を行う必要があるかどうかを、必要に応じて委託者と協議する。
（3）　耐震性能の評価等	（ⅰ）　耐震診断用図面の作成	設計図書等の内容及び実地調査の結果を踏まえ、耐震診断に用いる図面（以下「耐震診断用図面」という。）を作成する。
	（ⅱ）　材料強度及び各種指標の設定	実地調査の結果及び耐震診断用図面の内容を踏まえ、耐震診断に必要な材料強度及び各種指標を設定する。

項　目		業務内容
（3）　耐震性能の評価等	（ⅲ）　構造耐震指標等の算出等	耐震診断の方針に基づき、耐震診断方法に定められた計算方法により、耐震性能の評価に必要な構造耐震指標等を算出するとともに、必要に応じて塔屋、エキスパンションジョイント、片持ちの部材その他耐震性能の評価に影響を与えない建築物の部分について、地震に対する安全性の検討を行う。
	（ⅳ）　耐震性能の評価等	実地調査の結果及び算出した構造耐震指標等を踏まえ、耐震性能を評価する。
		耐震性能の評価の結果を踏まえ、耐震性能が確保されていない場合においては、耐震補強の方針を作成する。
（4）　耐震診断結果の委託者への報告等	（ⅰ）　耐震診断結果報告書の作成	耐震性能の評価の結果等を踏まえ、耐震診断結果報告書を作成する。
	（ⅱ）　耐震診断結果報告書の委託者への説明	耐震診断結果報告書を委託者に提出し、委託者に対して、当該耐震診断結果報告書の内容（耐震診断の方針及び実地調査の結果と耐震性能の評価との関係を含む。）の説明を行う。

ロ　戸建木造住宅に係る業務内容

項　目		業務内容
（1）　予備調査	（i）　予備調査	建築物の概要について、設計図書、建築基準法令の規定に基づく過去の申請書等により確認する。
		建築物の過去の増築、改築、修繕又は模様替の有無、使用状況、被災状況、劣化状況等について、委託者からの聞き取り等により確認する。
		建築物の内装材及び外装材の仕様、周囲の地形、敷地の地盤等について調査を行う。
	（ii）　実地調査及び耐震診断の方針の策定並びに委託者への説明	予備調査の結果を踏まえ、実地調査の方針及び使用する耐震診断方法等を明らかにした耐震診断の方針を策定し、委託者に説明する。
（2）　実地調査		実地調査の方針に基づき、目視又は計測により、構造耐力上主要な部分の配置、形状、寸法、接合部の緊結の度、劣化状況及び材料強度、建築物の基礎の形状、鉄筋の有無、ひび割れ等の劣化状況、建築物の床、壁及び小屋組（これらの接合部を含む。）の構造方法、階数、平面及び立面の形状並びに用途、建築物の敷地の地盤及び周囲の地形の状況等に関する実地調査を行う。
		当該実地調査の結果が、設計図書等と整合していることを確認する。
		当該実地調査の結果を踏まえ、追加の調査を行う必要があるかどうかを、必要に応じて委託者と協議する。
（3）　耐震性能の評価等	（i）　耐震診断用図面の作成	設計図書等の内容及び実地調査の結果を踏まえ、耐震診断用図面を作成する。
	（ii）　各種指標の設定等	実地調査の結果及び耐震診断用図面の内容を踏まえ、建築物の壁及び柱の位置を確認するとともに、耐震診断に必要な各種指標を設定する。
	（iii）　構造耐震指標等の算出等	耐震診断の方針に基づき、耐震診断方法に定められた計算方法により、耐震性能の評価に必要な構造耐震指標等を算出する。
	（iv）　地盤及び基礎の安全性の評価	実地調査の結果及び算出した構造耐震指標等を踏まえ、建築物の敷地の地盤及び基礎の安全性を評価する。
	（v）　耐震性能の評価等	実地調査の結果、算出した構造耐震指標等並びに建築物の敷地の地盤及び基礎の安全性の評価の結果を踏まえ、耐震性能を評価する。
		耐震性能の評価の結果を踏まえ、耐震性能が確保されていない場合においては、耐震補強の方針を作成する。
（4）　耐震診断結果の委託者への報告等	（i）　耐震診断結果報告書の作成	耐震性能の評価の結果等を踏まえ、耐震診断結果報告書を作成する。
	（ii）　耐震診断結果報告書の委託者への説明	耐震診断結果報告書を委託者に提出し、委託者に対して、当該耐震診断結果報告書の内容（耐震診断の方針及び実地調査の結果と耐震性能の評価との関係を含む。）の説明を行う。

2 耐震改修に係る設計に関する標準業務

一 耐震改修に係る設計に関する標準業務

建築物の構造耐力上主要な部分に係る耐震性能の向上のために必要な範囲で、委託者から提示された要求その他の諸条件を耐震改修に係る設計条件として整理した上で、建築物が備えるべき機能及び耐震性能、耐震補強工法、主な使用材料の種別及び品質等を検討し、それらを総合して耐震改修に係る設計方針を策定し、工事施工者が耐震改修に係る設計図書の内容を正確に読み取り、設計意図（当該耐震改修に係る設計に係る設計者の考えをいう。以下同じ。）に合致した建築物の耐震改修の工事を的確に行うことができるように、また、工事費の適正な見積りができるように、耐震改修に係る設計方針に基づいて、設計意図をより詳細に具体化し、その結果として、戸建木造住宅以外の建築物にあってはロ（1）、戸建木造住宅にあってはロ（2）に掲げる成果図書を作成するために必要なイに掲げる業務をいう。

イ 業務内容

項　目		業務内容
（1） 耐震改修に係る設計条件等の整理	（ⅰ） 条件整理等	耐震診断の結果、耐震性能の水準など委託者から提示されるさまざまな要求、耐震改修の工事の施工中における建築物の使用に伴う施工上の制約その他の諸条件を耐震改修に係る設計条件として整理する。
		耐震診断時に算出した構造耐震指標等を踏まえ、委託者と耐震改修が行われた建築物が備えるべき機能及び耐震性能の水準について協議し、確定する。
	（ⅱ） 設計条件の変更等の場合の協議	委託者から提示される要求の内容が不明確若しくは不適切な場合若しくは内容に相互矛盾がある場合又は整理した設計条件に変更がある場合においては、委託者に説明を求め又は委託者と協議する。
（2） 法令上の諸条件の調査及び関係機関との打合せ		耐震改修に係る設計に必要な範囲で、建築関係法令の規定に基づく過去の申請書の内容の確認、建築関係法令の規定上の制約条件の調査等を行い、必要に応じて関係機関との打合せを行う。
（3） 建築物の現況の調査、上下水道、ガス、電力、通信等の調査及び関係機関との打合せ		耐震改修に係る設計に必要な範囲で、建築物の現況、敷地に対する上下水道、ガス、電力、通信等の供給状況、建築物及びその敷地への耐震改修による影響等を調査し、必要に応じて関係機関との打合せを行う。
（4） 耐震改修に係る設計方針の策定	（ⅰ） 総合検討	耐震改修に係る設計条件に基づき、意匠、構造及び設備の各要素について考慮した上で、耐震改修に係る設計をまとめていく考え方を総合的に検討し、その上で業務体制、業務工程等を立案する。
		耐震改修に係るこれまで検討された事項のうち、委託者と協議して合意に達しておく必要のあるものを整理し、耐震改修に係る設計のための基本事項を確定する。
	（ⅱ） 耐震補強方法の検討	耐震診断の結果、耐震診断時に作成した耐震補強の方針、耐震改修に係る設計条件及び総合検討に基づき、耐震補強工法等の耐震補強方法を選定した上で、耐震補強の箇所数及び位置を検討し、必要に応じて、想定した耐震補強工法を施工することができるかどうかの確認等を現地において行う。

項　目		業務内容
（4）　耐震改修に係る設計方針の策定	（ⅲ）　耐震補強による効果の確認	耐震診断方法に定められた計算方法により想定した耐震補強工法が建築物の耐震性能の向上に効果があることを確認する。
	（ⅳ）　耐震改修に係る設計方針の策定及び委託者への説明	総合検討、耐震補強による効果の確認の結果及び予算を踏まえ、耐震改修に係る設計方針の策定及び耐震改修計画説明書の作成を行い、委託者に説明を行う。
（5）　設計図書の作成		耐震改修に係る設計方針に基づき、委託者と協議の上、技術的な検討、予算との整合の検討等を行い、設計図書を作成する。なお、設計図書においては、構造耐力上主要な部分、仕上げ材等の撤去及び復旧の方法、工事施工者が施工すべき補強箇所及びその細部の形状、寸法、仕様、工事材料、品質並びに特に指定する必要のある施工に関する情報（工法、工事監理の方法、施工管理の方法等）を可能な限り具体的に表現する。
（6）　概算工事費の検討		設計図書の作成が完了した時点において、当該設計図書に基づく耐震改修の工事に通常要する費用を概算し、工事費概算書（工事費内訳明細書、数量調書等を除く。以下同じ。）を作成する。
（7）　設計内容の委託者への説明等		耐震改修に係る設計を行っている間、委託者に対して、作業内容や進捗状況を報告し、必要な事項について委託者の意向を確認する。
		設計図書の作成が完了した時点において、当該設計図書を委託者に提出し、委託者に対して設計意図及び設計内容の総合的な説明を行う。

ロ　成果図書

（1）　戸建木造住宅以外の建築物に係る成果図書

設計の種類		成果図書
（1）　統括		①　既存建築物概要書 ②　各種耐震改修方法の比較検討書 ③　耐震改修計画説明書 ④　全体工事費概算書
（2）　意匠		①　仕様書 ②　仕上表 ③　敷地案内図 ④　配置図 ⑤　平面図（改修階） ⑥　断面図（改修面） ⑦　立面図（改修面） ⑧　矩計図 ⑨　展開図 ⑩　天井伏図（改修階） ⑪　部分詳細図 ⑫　建具表 ⑬　工事費概算書
（3）　構造		①　仕様書 ②　構造基準図 ③　伏図（改修階） ④　軸組図（改修面） ⑤　補強部材リスト ⑥　耐震補強工法、使用建築材料等詳細図 ⑦　その他部分詳細図 ⑧　耐震診断方法に定められた計算方法に基づく計算書 ⑨　工事費概算書
（4）　設備	（ⅰ）　電気設備	①　仕様書 ②　受変電設備図 ③　非常電源設備図 ④　幹線系統図 ⑤　電灯、コンセント設備平面図（改修階） ⑥　動力設備平面図（改修階） ⑦　通信・情報設備系統図 ⑧　通信・情報設備平面図（改修階） ⑨　火災報知等設備系統図 ⑩　火災報知等設備平面図（改修階） ⑪　その他改修設備設計図 ⑫　部分詳細図 ⑬　屋外設備図 ⑭　工事費概算書 ⑮　各種計算書
	（ⅱ）　給排水衛生設備	①　仕様書 ②　給排水衛生設備配管系統図 ③　給排水衛生設備配管平面図（改修階） ④　消火設備系統図 ⑤　消火設備平面図（改修階） ⑥　その他改修設備設計図 ⑦　部分詳細図 ⑧　屋外設備図 ⑨　工事費概算書 ⑩　各種計算書

設計の種類		成果図書
（4）　設備	（iii）　空調換気設備	①　仕様書 ②　空調設備系統図 ③　空調設備平面図（改修階） ④　換気設備系統図 ⑤　換気設備平面図（改修階） ⑥　その他改修設備設計図 ⑦　部分詳細図 ⑧　屋外設備図 ⑨　工事費概算書 ⑩　各種計算書
	（iv）　昇降機等	①　仕様書 ②　昇降機等平面図（改修階） ③　昇降機等断面図（改修面） ④　部分詳細図 ⑤　工事費概算書 ⑥　各種計算書

（注）　1　建築物の耐震改修の計画に応じ、作成されない図書がある場合がある。
　　　　2　（1）から（4）までに掲げる成果図書に記載すべき事項をこれらの成果図書のうち他の成果図書に記載する場合がある。
　　　　3　「統括」とは建築物の意匠、構造及び設備に関する設計をとりまとめる設計を、「意匠」とは建築物の意匠に関する設計を、「構造」とは建築物の構造に関する設計を、「設備」とは建築物の設備に関する設計をいう。
　　　　4　「昇降機等」には、機械式駐車場を含む。
　　　　5　平面図、断面図、立面図、伏図、軸組図、各種設備系統図及び各種設備平面図には、改修前後の内容に関する記載を含む。
　　　　6　仕上表、平面図、断面図、立面図、伏図等には、仕上げ材等の撤去及び復旧の内容に関する記載を含む。
　　　　7　「耐震診断方法に定められた計算方法に基づく計算書」には、目標とする構造耐震指標等及び耐震補強後の構造耐震指標等の数値に関する記載を含む。

（2）　戸建木造住宅に係る成果図書

設計の種類	成果図書
（1）　統括	①　既存建築物概要書 ②　耐震改修計画説明書 ③　全体工事費概算書
（2）　意匠	①　仕様書 ②　仕上表 ③　敷地案内図 ④　配置図 ⑤　平面図（改修階） ⑥　断面図（改修面） ⑦　立面図（改修面） ⑧　矩計図 ⑨　展開図 ⑩　天井伏図 ⑪　建具表 ⑫　工事費概算書
（3）　構造	①　仕様書 ②　構造基準図 ③　基礎伏図 ④　床伏図（改修階） ⑤　はり伏図（改修階） ⑥　小屋伏図 ⑦　耐震診断方法に定められた計算方法に基づく計算書 ⑧　耐震補強工法、使用建築材料等詳細図 ⑨　工事費概算書
（4）　設備	①　仕様書 ②　設備位置図（電気、給排水衛生及び空調換気）（改修階） ③　工事費概算書

（注）　1　建築物の耐震改修の計画に応じ、作成されない図書がある場合がある。

2　（1）から（4）までに掲げる成果図書に記載すべき事項をこれらの成果図書のうち他の成果図書に記載する場合がある。

3　「統括」とは建築物の意匠、構造及び設備に関する設計をとりまとめる設計を、「意匠」とは建築物の意匠に関する設計を、「構造」とは建築物の構造に関する設計を、「設備」とは建築物の設備に関する設計をいう。

4　平面図、断面図、立面図、各種伏図、軸組図及び設備位置図には、改修前後の内容に関する記載を含む。

5　仕上表、平面図、断面図、立面図、各種伏図等には、仕上げ材等の撤去及び復旧の内容に関する記載を含む。

6　「耐震診断方法に定められた計算方法に基づく計算書」には、目標とする構造耐震指標等及び耐震補強後の構造耐震指標等の数値に関する記載を含む。

二　工事施工段階で設計者が行うことに合理性がある耐震改修に係る設計に関する標準業務

　　工事施工段階において、設計者が、設計意図を正確に伝えるため、前号ロに掲げる成果図書に基づき、質疑応答、説明、耐震補強工法、工事材料等の選定に関する検討、助言等を行う次に掲げる業務をいう。

項　目	業務内容
（1）　設計意図を正確に伝えるための質疑応答、説明等	工事施工段階において、設計意図を正確に伝えるための質疑応答、説明等を委託者を通じて工事監理者及び工事施工者に対して行う。
	設計図書等の定めにより、設計意図が正確に反映されていることを確認する必要がある部材、部位等に係る施工図等の確認を行う。
（2）　耐震補強工法、工事材料等の選定に関する設計意図の観点からの検討、助言等	設計図書等の定めにより、工事施工段階において行うことに合理性がある耐震補強工法、工事材料等の選定に関して、設計意図の観点からの検討を行い、必要な助言等を委託者に対して行う。
（3）　設計条件の変更に係る協議	設計段階において建築物の現況の調査が行われたにもかかわらず、工事施工段階において建築物の現況が委託者から提示された設計図書等と整合していないこと等が判明し、耐震改修に係る設計条件を変更する必要がある場合においては、委託者と協議する。

3 耐震改修に係る工事監理に関する標準業務及びその他の標準業務

一 耐震改修に係る工事監理に関する標準業務

前項第一号ロに掲げる成果図書に基づき、工事を設計図書と照合し、それが設計図書のとおりに実施されているかいないかを確認するために行う次に掲げる業務をいう。

項　目		業務内容
（1）　工事監理方針の説明等	（ⅰ）　工事監理方針の説明	工事監理の着手に先立って、工事監理体制その他工事監理方針について委託者に説明する。
	（ⅱ）　工事監理方法変更の場合の協議	工事監理の方法に変更の必要が生じた場合、委託者と協議する。
（2）　設計図書の内容の把握等	（ⅰ）　設計図書の内容の把握	設計図書の内容を把握し、設計図書に明らかな、矛盾、誤謬、脱漏、不適切な納まり等を発見した場合には、委託者に報告し、必要に応じて委託者を通じて設計者に確認する。
	（ⅱ）　質疑書の検討	工事施工者から工事に関する質疑書が提出された場合、設計図書に定められた品質（形状、寸法、仕上がり、機能、性能等を含む。）確保の観点から技術的に検討し、必要に応じて委託者を通じて設計者に確認の上、回答を工事施工者に通知する。
（3）　設計図書に照らした施工図等の検討及び報告	（ⅰ）　施工図等の検討及び報告	設計図書の定めにより、工事施工者が作成し、提出する施工図（補強部詳細図、工作図、製作図等をいう。）、製作見本、見本施工等が設計図書の内容に適合しているかについて検討し、委託者に報告する。
	（ⅱ）　耐震補強工法、工事材料等の検討及び報告	設計図書の定めにより、工事施工者が提案又は提出する耐震補強工法、工事材料及びそれらの見本が設計図書の内容に適合しているかについて検討し、委託者に報告する。
（4）　工事と設計図書との照合及び確認		工事施工者の行う工事が設計図書の内容に適合しているかについて、設計図書の定めのある方法による確認のほか、目視による確認、抽出による確認、工事施工者から提出される品質管理記録の確認等、確認対象工事に応じた合理的方法により行う。
（5）　工事と設計図書との照合及び確認の結果報告等		工事と設計図書との照合及び確認の結果、工事が設計図書のとおりに実施されていないと認めるときは、直ちに、工事施工者に対して、その旨を指摘し、当該工事を設計図書のとおりに実施するよう求め、工事施工者がこれに従わないときは、その旨を委託者に報告する。なお、工事施工者が設計図書のとおりに施工しない理由については委託者に書面で報告した場合においては、委託者及び工事施工者と協議する。
（6）　工事監理報告書等の提出		工事と設計図書との照合及び確認を全て終えた後、工事監理報告書等を委託者に提出する。

二 その他の標準業務

前号に定める業務と一体となって行われる次に掲げる業務をいう。

項　目		業務内容
（1）　請負代金内訳書の検討及び報告		工事施工者から提出される請負代金内訳書の適否を合理的な方法により検討し、委託者に報告する。
（2）　工程表の検討及び報告		工事請負契約の定めにより工事施工者が作成し、提出する工程表について、工事請負契約に定められた工期及び設計図書に定められた品質が確保できないおそれがあるかについて検討し、確保できないおそれがあると判断するときは、その旨を委託者に報告する。
（3）　設計図書に定めのある施工計画の検討及び報告等		設計図書の定めにより、工事施工者が作成し、提出する施工計画（工事施工体制に関する記載を含む。）について、工事請負契約に定められた工期及び設計図書に定められた品質が確保できないおそれがあるかについて検討し、確保できないおそれがあると判断するときは、その旨を委託者に報告する。
		工事施工段階において建築物の現況が設計図書等と整合していないことが判明し、耐震改修に係る設計条件を変更する必要がある場合においては、委託者に報告する。
（4）　工事と工事請負契約との照合、確認、報告等	（ⅰ）　工事と工事請負契約との照合、確認、報告	工事施工者の行う工事が工事請負契約の内容（設計図書に関する内容を除く。）に適合しているかについて、目視による確認、抽出による確認、工事施工者から提出される品質管理記録の確認等、確認対象工事に応じた合理的な方法による確認を行う。なお、確認の結果、適合していない箇所がある場合、工事施工者に対して是正の指示を与え、工事施工者がこれに従わないときは、その旨を委託者に報告する。
	（ⅱ）　工事請負契約に定められた指示、検査等	工事請負契約に定められた指示、検査、試験、立会い、確認、審査、承認、助言、協議等（設計図書に定めるものを除く。）を行い、また工事施工者がこれを求めたときは、速やかにこれに応じる。
	（ⅲ）　工事が設計図書の内容に適合しない疑いがある場合の破壊検査	工事施工者の行う工事が設計図書の内容に適合しない疑いがあり、かつ、破壊検査が必要と認められる相当の理由がある場合にあっては、工事請負契約の定めにより、その理由を工事施工者に通知の上、必要な範囲で破壊して検査する。
（5）　工事請負契約の目的物の引渡しの立会い		工事施工者から委託者への工事請負契約の目的物の引渡しに立会う。
（6）　工事費支払いの審査	（ⅰ）　工事期間中の工事費支払い請求の審査	工事施工者から提出される工事期間中の工事費支払いの請求について、工事請負契約に適合しているかどうかを技術的に審査し、委託者に報告する。
	（ⅱ）　最終支払い請求の審査	工事施工者から提出される最終支払いの請求について、工事請負契約に適合しているかどうかを技術的に審査し、委託者に報告する。

別添二

1　別添一第1項イに掲げる業務内容（鉄骨造、鉄筋コンクリート造又は鉄骨鉄筋コンクリート造の建築物に係るものに限る。第三項において同じ。）に係る標準業務人・時間数は、別表第一の（一）耐震診断の欄に掲げるものとする。

2　別添一第1項ロに掲げる業務内容に係る標準業務人・時間数は、別表第二の（一）耐震診断の欄に掲げるものとする。

3　別添一第2項第一号イに掲げる業務内容に係る標準業務人・時間数（同号ロ（1）の表の（3）構造の欄に掲げる成果図書に係るものに限る。）は、別表第一の（二）耐震改修に係る設計の欄に掲げるものとする。

4　別添一第2項第一号イに掲げる業務内容に係る標準業務人・時間数（同号ロ（2）に掲げる成果図書に係るものに限る。）は、別表第二の（二）耐震改修に係る設計の欄に掲げるものとする。

5　次に掲げる表において、標準業務人・時間数は、一級建築士として2年又は二級建築士として7年の建築に関する業務経験を有する者が設計等の業務を行うために必要な業務人・時間数の標準を示したものである。

6　次に掲げる表において、床面積の算定は、建築物の各階又はその一部で壁その他の区画の中心線で囲まれた部分の水平投影面積によるものとする。

別表第一　鉄骨造、鉄筋コンクリート造又は鉄骨鉄筋コンクリート造の建築物

（単位　人・時間）

床面積の合計	500m²	750m²	1,000m²	1,500m²	2,000m²	3,000m²	5,000m²	7,500m²
（一）　耐震診断	290	340	380	450	510	600	740	880
（二）　耐震改修に係る設計（構造に係るものに限る。）	150	190	230	290	340	430	590	750

別表第二　戸建木造住宅

（単位　人・時間）

床面積の合計	75m² から 250m² まで
（一）　耐震診断	45
（二）　耐震改修に係る設計	60

別添三

1．耐震診断に関する標準業務に附随する標準外の業務

　　耐震診断に係る受託契約に基づき、別添一第1項に掲げる耐震診断に関する標準業務に附随
して実施される業務は、次に掲げるものとする。

一　既存の建築物の設計図書が現存しない場合における耐震診断に必要な設計図書の復元に係る
　　業務

二　非構造部材及び設備機器の耐震診断に係る業務

三　実地調査において建築物の現況が設計図書等と整合していないこと、石綿を含有する被覆材
　　が使用されていること、建築材料の劣化状況が著しいこと等が判明した場合における当該実地
　　調査に追加的に行う調査に係る業務

四　木造の建築物における白蟻(あり)による被害に関する調査に係る業務

五　補助金等の交付の申請に必要な図書の作成に係る業務

六　耐震診断の結果に関する専門機関による評価の取得に係る業務

七　建築関係法令への適合性の確認に係る業務（別添一第1項イ又はロに掲げる業務内容を除く。）

2．耐震改修に係る設計に関する標準業務に附随する標準外の業務

　　耐震改修に係る設計受託契約に基づき、別添一第2項に掲げる耐震改修に係る設計に関する
標準業務に附随して実施される業務は、次に掲げるものとする。

一　既存の建築物の設計図書が現存しない場合における耐震改修に係る設計に必要な設計図書の
　　復元に係る業務

二　非構造部材及び設備機器の耐震改修に係る設計に関する業務

三　耐震改修に係る設計に関する成果図書に基づく詳細工事費の算定に係る業務

四　補助金等の交付の申請に必要な図書の作成に係る業務

五　耐震改修に係る設計に関する成果図書に関する専門機関による評価の取得に係る業務

六　確認申請に必要な図書の作成に係る業務

七　建築物の耐震改修の促進に関する法律第17条第1項に規定する建築物の耐震改修の計画の
　　作成に係る業務

八　建築物のエネルギー消費性能の向上に関する法律第12条第1項に規定する建築物エネル
　　ギー消費性能適合性判定に係る業務、同法第19条第1項に規定する建築物の建築に関する届
　　出に係る業務及び同法第29条第1項に規定する建築物エネルギー消費性能向上計画の認定に
　　係る業務

九　都市の低炭素化の促進に関する法律第53条第1項に規定する低炭素建築物新築等計画の認
　　定に係る業務

十　建築物の断熱性や快適性など建築物の環境性能の総合的な評価手法（建築物総合環境性能評
　　価システム）等による評価に係る業務

十一　建築物の防災に関する計画の作成に係る業務

3．耐震改修に係る工事監理に関する標準業務及びその他の標準業務に附随する標準外の業務

　　耐震改修に係る工事監理受託契約に基づき、別添一第3項に掲げる耐震改修に係る工事監理
に関する標準業務及びその他の標準業務に附随して実施される業務は、次に掲げるものとする。

一　建築物のエネルギー消費性能の向上に関する法律第１２条第１項に規定する建築物エネルギー消費性能適合性判定に係る業務及び同法第２９条第１項に規定する建築物エネルギー消費性能向上計画の認定に係る業務

二　都市の低炭素化の促進に関する法律第５３条第１項に規定する低炭素建築物新築等計画の認定に係る業務

三　委託者と工事施工者の工事請負契約の締結に関する協力に係る業務

国住指第４８９２号
平成２７年６月５日

都道府県知事　殿

国土交通省住宅局長

建築士事務所の開設者が耐震診断及び耐震改修に係る業務に関して
請求することのできる報酬の基準の施行について（技術的助言）

　建築士事務所の開設者が耐震診断及び耐震改修に係る業務に関して請求することのできる報酬の基準（平成２７年国土交通省告示第６７０号）が平成２７年５月２５日に別添のとおり公布され、同日に施行されることとなった。

　ついては、下記事項に留意のうえ、この基準が業務報酬の合理的かつ適正な算定に資するよう、貴都道府県及び貴管内市町村の営繕担当部局等公共建築設計等の発注部局に対して周知徹底を図られたい。

　また、貴管内の建築士事務所、発注者等に対して、関係団体を通じる等によってこの旨周知していただくよう併せてお願いする。

記

１　業務報酬基準の趣旨・目的

　　業務報酬の基準を定める目的は、業務報酬の合理的かつ適正な算定に資することにより、ひいては、建築士事務所による設計等の業務の適切かつ円滑な実施の推進に資することである。

　　なお、この基準は、当事者間の契約に基づいて、個別の事情に応じた業務報酬の算定を行うことを妨げるものではない。

２　業務報酬算定方法

　　この基準は、業務報酬の算定基礎を明確にするため、業務の具体的な内容と数量的に対応する経費（業務経費）及び建築士事務所の業務経験や情報の蓄積等に基づいて発揮される技術力、創造力等の対価としての経費（技術料等経費）によって構成する方法を標準としている。

　　なお、この基準は、設計、工事監理、建築工事契約に関する事務、建築工事の指導監督の業務又は建築物に関する調査若しくは鑑定を対象としており、建築物の建築に関する法令又は条例の規定に基づく手続の代理その他の業務は対象外である。

　　また、この基準は、個別の業務内容に対応して経費を算定することができる一般的な業務を前提とするものであり、極めて特殊な構造方法等を採用する場合等で、この算定方法が必ずしもなじまない場合においては、他の合理的な算定方法によることが適切である。

3　業務経費

　業務経費は、人件費や物品購入費等の費用など業務を行ううえで必要となる経費であり、業務の具体的な内容と数量的に対応するものである。この基準では、耐震診断等に係る業務を実施するにあたって、溶接部の超音波探傷検査やコンクリート供試体の圧縮強度検査などの検査については、通常、第三者に委託して実施することを踏まえ、直接人件費とは別に、検査費の区分を設けている。

4　技術料等経費

　技術料等経費は、建築士事務所の業務経験や情報の蓄積等に基づいて発揮される技術力、創造力等の対価であり、個別の事情に応じて、契約前に当事者間の協議を行い、定められるのが適切である。

5　直接人件費等に関する略算方法による算定
（1）　直接人件費等に関する略算方法

　　　直接人件費又は直接経費及び間接経費の算定については、業務に従事する者の構成が複雑な場合、並行して他の業務に従事していて当該業務に従事する時間数を区分して算定することが困難な場合、当該業務に係る経費を他の業務に係る経費と区分して算定することが困難な場合等が多い実情にかんがみ、略算方法を示すこととした。

　　　標準業務人・時間数は、実態調査に基づき、構造に応じて床面積の合計の値が別添二に記載されている建築物に係る標準業務人・時間数を定めるものであり、床面積の合計が、別添二に掲げる値のうちの最も小さい値を下回る建築物又は最も大きい値を上回る建築物にあっては、調査対象外の規模であることから、略算方法によることができないものとしている。

　　　なお、各建築士事務所において略算方法を用いる場合には、この基準で定める標準業務内容等を参考として、建築士事務所ごとに、直接人件費の算定については業務内容及び業務人・時間数表を、直接経費及び間接経費の算定についてはその合計と直接人件費との割合を、あらかじめ定めておく等の措置をとることが望ましい。

（2）　直接人件費

　　　直接人件費については、設計等の業務の個別の実態にかかわらず、標準業務内容に対応する標準業務人・時間数に基づいて算定することができることとしたものである。標準業務内容のうち一部のみを行う場合や標準業務内容に含まれない追加的な業務を行う場合は、標準業務人・時間数に一定の業務人・時間数を加減することにより、個別の建築物に係る業務人・時間数を算定することとしている。
（イ）　標準業務内容

　　　　標準業務は、既存の建築物の設計図書等耐震診断又は耐震改修に必要な情報が提示されている場合に、耐震診断に係る一般的な受託契約又は耐震改修に係る一般的な設計受託契約又は工事監理受託契約に基づいて、その債務を履行するために行う業務である。

なお、耐震改修に係る業務については、耐震診断を行った建築士事務所と同一の建築士事務所が行う場合を対象としているので留意が必要である。

（ロ）　標準業務人・時間数

　標準業務人・時間数は、設計等の業務でその内容が標準業務内容であるものを行う場合に必要となる業務人・時間数を示すものである。なお、耐震改修に係る設計のうち「構造」以外のものなど、別添二に掲げる標準業務人・時間数によることができない場合は、別添一に掲げる標準業務内容に応じた業務人・時間数を建築士事務所ごとに別途算定することとしている。

（ハ）　標準業務内容に含まれない追加的な業務

　標準業務に附随する標準外の業務については、別添三に掲げる業務内容のほか、成果図書以外の資料（別添一及び別添三に掲げるものを除く法令手続のための資料、竣工図等）の作成、第三者への説明など、建築主から特に依頼された業務を標準業務に附随して行う場合には、標準業務人・時間数に当該業務に対応した業務人・時間数を付加することにより算定することとしている。

　これらの追加的な業務については、個別の事例において、契約前に当事者間の協議を行い、適切な合意を得た上で、その業務内容や報酬額について、契約等として明らかにしておくことが適切である。また、契約後に当初想定されなかった業務を建築主から依頼された場合にあっても、速やかに当事者間の協議を行い、予め適切な合意を得た上で、その業務内容や報酬額について明らかにしておくことが適切である。

6　その他

　この基準の制定に伴い、建築士事務所の開設者が業務に関して請求することのできる報酬の基準（平成２１年国土交通省告示第１５号）について、耐震診断及び耐震改修に係る業務を対象から除くなど所要の改正を行っているため留意されたい。

　また、建築士法の一部を改正する法律（平成２６年法律第９２号）による改正後の建築士法（昭和２５年法律第２０２号）第２２条の３の４の規定により、設計受託契約又は工事監理受託契約を締結しようとする者は、国土交通大臣の定める報酬の基準に準拠した委託代金で契約を締結するよう努めなければならないところ、ここでいう国土交通大臣の定める報酬の基準にはこの基準も含まれることを念のため申し添える。

2 官庁施設の設計業務等積算基準等の運用

国営整第70号
平成21年7月1日
一部改定　国営整第38号
平成24年6月1日
一部改定　国営整第165号
平成31年1月21日
一部改定　国営整第210号
平成31年3月28日
一部改定　国営整第161号
令和6年1月9日
一部改定　国営整第211号
令和6年3月26日

大臣官房官庁営繕部整備課長　殿
各地方整備局営繕部長　殿
北海道開発局営繕部長　殿
沖縄総合事務局開発建設部長　殿

大臣官房官庁営繕部整備課長

官庁施設の設計業務等積算基準等の運用について（通知）

　官庁施設の設計業務、工事監理業務等の委託に係る業務委託料の積算については、平成21年4月1日付国営整第1号及び第3号（最終改定令和6年1月9日付国営整159号及び令和6年3月26日付国営整第210号）により通知したところであるが、その運用にあっては下記に留意し、設計業務等の適正な発注に努められたい。

記

1.「第1章　総則」関係

2.1（1）～（3）　一般業務及び追加業務

　官庁施設の設計業務等積算要領（以下「積算要領」という。）第2章において定めている業務人・時間数の算定方法は、いずれも標準的な業務内容の場合の業務人・時間数であることから、個別の建築物に係る業務人・時間数の算定にあたっては、以下に記載する追加業務の例示等を参考とし、特別な検討その他個々の業務内容に応じ必要な追加業務の内容を適切に業務仕様書等において定めるとともに、これらの追加業務に係る業務人・時間数を適切に計上する必要がある。

積算要領第1章2.1（1）において、（イ）に掲げる業務は一般業務の範囲に含まれ、（ロ）及び（ハ）に例示する業務は追加業務の範囲となるものとする。

（イ）　一般業務に含まれる業務
- 委託業務の履行にあたって、設計内容の説明等に用いる資料等の作成（簡易な透視図、日影図及び各種技術資料を含む。）
- 計画通知又は建築確認申請（建築基準関係規定（みなし規定を含む。）等に係る法令・条例に関する許認可等を含む。）に係る関係機関との打合せ、申請図書及び書類の作成、指摘事項への対応（質疑応答、書類の修正等）等に係る業務（申請手続及びこれに付随する詳細協議は除く。）
- 工事費概算書の作成

（ロ）　積算要領第2章2.の算定方法による場合の追加業務となる業務の例
- 積算業務（積算数量算出書の作成、単価作成資料の作成、見積収集、見積検討資料の作成）
- 透視図作成等
- 模型製作等
- 計画通知又は建築確認申請（建築基準関係規定（みなし規定を含む。）等に係る法令・条例に関する許認可等を含む。）に関する手続及びこれに付随する詳細協議（関係機関との打合せ、申請図書及び書類の作成、指摘事項への対応（質疑応答、書類の修正等）等は一般業務に含まれる。）
- 各種法令・条例（建築基準関係規定（みなし規定を含む。）に係る法令・条例を除く。）に関する事前協議、申請図書及び資料の作成、手続及びこれに付随する詳細協議
- 市町村指導要綱による中高層建築物の届出書の作成及び申請手続業務（標識看板の作成、設置報告書の届出）
- 防災計画評定又は防災性能評定に関する資料の作成及び申請手続業務
- リサイクル計画書の作成
- 概略工事工程表の作成
- 営繕事業広報ポスターの作成
- 災害応急対策活動に必要な施設その他特別な性能、機能、設備等を有する官庁施設の設計等における特別な検討及び資料の作成（建築非構造部材の耐震安全性に関する特別な検討、特殊な設備機器を有する室の設計に係る特別な検討等）
- 建築物のエネルギー消費性能の向上に関する法律（平成27年法律第53号）第34条第1項に規定する建築物エネルギー消費性能向上計画の認定に係る業務
- 建築環境総合性能評価システム（CASBEE）による評価に係る業務
- 官庁施設の計画から建設、運用、廃棄に至るまでのライフサイクルを通じた二酸化炭素排出量等を用いて行う総合的な環境保全性能の評価業務
- 都市の低炭素化の促進に関する法律（平成24年法律第84号）第53条第1項に規定する低炭素建築物新築等計画の認定に係る業務
- BIMデータ説明資料の作成

- ・木造化手法に係る検討
- ・実験設備に係る検討
- ・内部雷保護設備に係る検討
- ・構内情報通信網設備に係る検討
- ・音声誘導設備に係る検討
- ・排水処理設備に係る検討
- ・雨水・排水再利用設備に係る検討
- ・蓄熱システムに係る検討
- ・雪冷房設備に係る検討

(ハ) 積算要領第2章3. 及び4. の算定方法による場合の追加業務となる業務の例（ロ）のほか、次に掲げる業務とする。

- ・既存の建築物の設計図書（建築物の建築工事の実施のために必要な図面（現寸図その他これに類するものを除く。）及び仕様書をいう。以下同じ。）が現存しない場合における改修工事の設計に必要な設計図書の復元に係る業務
- ・耐震改修設計に係る成果図書に関する専門機関による評価の取得に係る業務
- ・建築物の耐震改修の促進に関する法律第17条第1項に規定する建築物の耐震改修の計画の作成に係る業務

積算要領第1章2. 1（2）において、次に例示する業務は耐震診断追加業務の範囲となるものとする。

- ・既存の建築物の設計図書が現存しない場合における耐震診断に必要な設計図書の復元に係る業務
- ・非構造部材及び設備機器の耐震診断に係る業務
- ・実地調査において建築物の現況が設計図書等と整合していないこと、石綿を含有する被覆材が使用されていること、建築材料の劣化状況が著しいこと等が判明した場合における当該実地調査に追加的に行う調査に係る業務
- ・木造の建築物における白蟻による被害に関する調査に係る業務
- ・耐震診断の結果に関する専門機関による評価の取得に係る業務
- ・建築関係法令への適合性の確認に係る業務（耐震診断一般業務に係る業務内容を除く。）

積算要領第1章2. 1（3）において、次に例示する業務は、追加業務の範囲となるものとする。

- ・完成図の確認
- ・建築物のエネルギー消費性能の向上に関する法律第34条第1項に規定する建築物エネルギー消費性能向上計画の認定に係る業務
- ・建築環境総合性能評価システム（CASBEE）による評価に係る業務
- ・都市の低炭素化の促進に関する法律第53条第1項に規定する低炭素建築物新築等計画の認定に係る業務

また、追加業務については、通常の設計業務の成果物たる設計図書以外に業務成果物（○○検討書、○○計画書等）を設定するなど、業務の履行に関する適切な措置をとる必要がある。

　なお、いわゆる「積算業務」及び「完成図の確認」業務については、営繕工事に係る設計業務等において通常必要な追加業務であることから、積算要領第2章2.3（1）、3.3及び6.4において標準的な業務人・時間数の算定方法を示しているものである。

2．「第2章　業務人・時間数の算定方法」関係

> 2.2、6.2　一般業務に係る業務人・時間数の算定における建築物の類型（告示別添二
> 　　　　　による建築物の類型と官庁施設の関係）

　積算要領第2章2.2及び6.2において引用する令和6年国土交通省告示第8号（以下「告示8号」という。）別添二に掲げられている建築物の類型と、個別の官庁施設の類型との対応関係については、表1に示す例示を参考に、当該官庁施設の用途等に応じて適切に判断することが必要である。なお、表1は国土交通省においてその整備を担当することがある典型的な施設類型の例であり、施設名称や所管する機関の別のみをもって判断するべきものではないことに留意する必要がある。

　また、複数の類型、用途に属する部分を有する施設については、設計与条件との関係等を適切に考慮して分類及び業務人・時間数の算定について判断する必要がある。

(表1)　建築物の用途等と官庁施設の対応

建築物の類型	建築物の用途等			
	第1類（標準的なもの）		第2類（複雑な設計等を必要とするもの）	
	第1類に係る告示の例示	第1類に属する官庁施設	第2類に係る告示の例示	第2類に属する官庁施設
第一号	車庫、倉庫、立体駐車場等		立体倉庫、物流ターミナル等	防災・除雪・道路管理ステーション等
第二号	組立工場等	艇庫、厩舎・畜舎等	化学工場、薬品工場、食品工場、特殊設備を付帯する工場等	機動隊給油施設
第三号	体育館、武道館、スポーツジム等		屋内プール、スタジアム等	屋内プール等
第四号	事務所等	詰所	銀行、本社ビル、庁舎等	事務庁舎、データセンター等
第五号	店舗、料理店、スーパーマーケット		百貨店、ショッピングセンター、ショールーム等	展示施設（資料館）等
第六号	公営住宅、社宅、共同住宅、寄宿舎等	宿舎、寮		
第七号	幼稚園、小学校、中学校、高等学校等			
第八号	大学、専門学校等	職業訓練校、海員学校、訓練所等	大学（実験施設等を有するもの）、専門学校（実験施設等を有するもの）、研究所等	研究所、検査所、検疫所、観測所、測候所、監視所、検潮所、射撃場等
第九号	ホテル、旅館等		ホテル（宴会場等を有するもの）、保養所等	保養所等
第十号	病院、診療所等		総合病院等	病院
第十一号	保育園、老人ホーム、老人保健施設、リハビリセンター、多機能福祉施設等	療養所、リハビリテーションセンター、障がい者支援施設、労災特別介護施設、社会保険介護老人保健施設等		
第十二号	公民館、集会場、コミュニティセンター等	会議場、会館、障害者交流センター	映画館、劇場、美術館、博物館、図書館、研修所、警察署、消防署等	研修所、美術館、博物館等

2.2　適用規模の範囲外となる場合の一般業務に係る業務人・時間数

　床面積の合計が積算要領別表1-1における適用規模の範囲外となる建築物の設計等に係る業務人・時間数は、建築物の類型に応じて、積算要領別表1-1の係数を用いて、積算要領第2章2.2（1）及び6.2（1）の算定式により算定することができるものとする。ただし、この場合において、業務分野ごとに、算定対象の建築物と同一の類型における第1類と第2類それぞれの業務人・時間数を算定し、第1類による場合の算定値が第2類による場合の算定値を上回る場合は、表2に掲げる類の算定値を採用する（第2類が存在しない第六号、第七号及び第十一号を除く。）。

（表2）第1類と第2類の算定値が逆転する場合に採用する算定値

建築物の類型	床面積の合計が適用規模の最小値を下回る場合	床面積の合計が適用規模の最大値を上回る場合
第一号、第三号、第四号、第五号、第九号及び第十号	第1類	第2類

2.3（1）　追加業務（積算業務）の業務人・時間数

　積算要領では工事費の積算業務について、①積算数量算出書の作成、②単価作成資料の作成、③見積収集及び④見積検討資料の作成の業務を併せて委託する場合の業務人・時間数を示している。①から④のうち一部の業務を分割して委託する場合は、表3の細分率を参考とすることができる。なお、工事費内訳書の作成については、①から④に該当しない。

（表3）　積算業務に係る業務細分率

積算業務項目	積算業務に係る業務細分率
積算数量算出書の作成	0.51
単価作成資料の作成	0.18
見積収集	0.19
見積検討資料の作成	0.12

3.2　改修工事の設計業務に係る業務人・時間数

　改修工事の設計業務に係る業務人・時間数の算定においては、次に掲げる点に留意する。
（1）　計画通知又は建築確認申請が必要な場合は、「建築確認申請に係る関係機関との打合せ」及び「建築確認申請図書の作成」に係る業務人・時間数を別途適切に計上する必要がある。
（2）　改修工事の設計の業務内容は個別性が高いため、複雑度を図面毎に設定するほか、一般

業務に含まれない業務は追加業務として計上するなどにより業務人・時間数を適切に計上することとしているが、その上でも平均的な改修工事の設計と比較して難易度に著しく差が生じる業務である場合に、実情に応じて業務人・時間数を補正できるものとしている。複雑度に係る係数による補正を行うに当たっては、この趣旨を十分に理解のうえ0.1から2.0の範囲を目安に設定する。

（3）　図面1枚毎の業務人・時間数の算定式は、実施設計図面を作成するうえで参考となる既存図面を発注者が貸与する場合を基本としている。このため、既存図面をCADデータ等の編集可能なデータ形式により提供（紙、PDF形式の電子データ等をそのまま使用して作図可能である場合を含む。）し、かつ、受注者がそれを利用することにより設計図書の作成に係る業務人・時間数が低減する場合に、その低減分を考慮する必要がある。この低減のための係数である「CADデータの提供等により業務量低減が図られる場合の影響度」は、0.7を標準として設定する。なお、既存図面のCADデータの提供等があったとしても、業務人・時間数が低減されないと考えられる場合（特記仕様書等の作成等）や、既存図面を紙、PDF形式の電子データ等により提供する場合（それらをそのまま使用して作図可能である場合を除く。）は、1.0を標準として設定する。また、参考となる既存図面を提供できず、受注者が実施設計図面の作成に当たり、現地の実測調査等を実施する必要がある場合は、これに係る業務人・時間数を追加業務に適切に計上する必要がある。

5.2　設計意図伝達業務に係る業務人・時間数

　設計意図伝達業務は、実際の設計業務を実施した結果に応じて設定された「設計図書等の定め」によりその業務内容、仕様が確定する。このため、設計意図伝達業務に係る業務人・時間数の算定にあたっては、積算要領第2章5.2（1）により、設計業務の終了前に設計業務の受託者と協議した内容その他の情報をもとに適切に設定することを基本とする。なお、この場合、設計意図伝達業務に係る業務人・時間数は、要領別表2-2における業務細分率に応じた業務人・時間数とは必ずしも一致しないことに留意する必要がある。

6.3　改修工事の工事監理業務人・時間数

　改修工事の工事監理に係る業務人・時間数については、設計業務とは異なり、作業可能日・時間、作業可能エリア、音・振動などの施工条件が様々であり、またこれらの条件の多くは業務の受注者の業務体制上の工夫や努力で解消できる性質のものではないことから、仮に同等の内容の工事であっても必要な業務人・時間数は大きく異なる。このため、積算要領においても一律に業務人・時間数を算定する方法は示しておらず、前述のような施工条件等を考慮のうえ必要業務人・時間数を算定することとしている。

　実際の業務委託に係る業務人・時間数の算定は、工事の発注に際し想定された工期、施工条件をもとに、工事監理業務委託特記仕様書で示した業務内容に応じて必要な人・時間数を計上する方法などにより適切に業務人・時間数を設定する必要がある。

3.「第3章　対象外業務率の考え方」関係

　　対象外業務率は、一般業務のうち業務委託内容に含まれない（設計業務等の受注者が実施し
ない）業務があり、そのことについて契約図書等において明確な定めがある場合にのみ、当該
委託内容に含まれない業務に即して業務人・時間数を算定することができることとしているも
のである。従って、業務委託契約書、業務仕様書等において一般業務のうち契約の対象外であ
る内容が明確に記述されていない場合又は対象業務の内容が明確に限定されていない場合は、
対象外業務率を設定できないことに留意する必要がある。

3 設計業務等委託料算定事例

設計業務等委託料算定条件

　本算定事例は、「官庁施設の設計業務等積算基準」（以下「積算基準」という。）「官庁施設の設計業務等積算要領」（以下「積算要領」という。）に基づき、次により算定している。

　なお、「積算基準」「積算要領」において規定されている係数等以外は、（一社）公共建築協会で任意に設定している。

1．算定モデルの設定

　本算定事例で扱う単一用途及び複合建築物のイメージ及び条件は以下による。

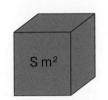

（1）単一用途の建築物

（2）複合建築物1
（構造的に区分できない場合）

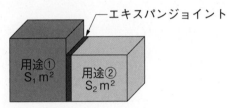
（3）複合建築物2
（構造的に区分できる場合）

図　算定事例で扱う単一用途及び複合建築物のイメージ

表1　算定事例施設の条件

建築物		用途等 （類型・類別）※1	延べ面積	構造・階数
新築建築物	（1）　単一用途の建築物 　算定事例1-1（設計業務） 　算定事例4-1（設計意図伝達業務） 　算定事例4-2（設計意図伝達業務） 　算定事例5-1（工事監理業務）	庁舎 （第四号、第2類）	S：15,000m²	SRC造 地上8階 地下1階
	（2）　複合建築物1 　（構造的に区分できない場合） 　算定事例1-2（設計業務） 　算定事例5-2（工事監理業務）	用途①：庁舎 （第四号、第2類） 用途②：図書館 （第十二号、第2類）	S：10,000m² 　庁　舎 S₁：6,000m² 　図書館 S₂：4,000m² 　（共用部1,000m²含む）	RC造 地上5階 地下1階
	（3）　複合建築物2 　（構造的に区分できる場合） 　算定事例1-3（設計業務）	用途①：庁舎 （第四号、第2類） 用途②：図書館 （第十二号、第2類）	S：10,000m² 　庁　舎 S₁：6,000m² 　図書館 S₂：4,000m²	RC造 地上5階 地下1階
その他の条件※2 　（a）　特殊な敷地上の建築物 　　　・著しい高低差がある敷地で、支持地盤の傾斜や不陸により基礎構造が複雑である 　　　・既存インフラの切回しや盛替え等が生じるなど複雑なインフラ検討を要する 　（b）　特別な性能を有する設備が設けられる建築物 　　　・被災時のインフラ途絶等の際に電源や給排水等の機能維持性能を高める設備を有する				

	建築物	用途等 (類型・類別)[1]	延べ面積	構造・ 階数
改修建築物	**算定事例2**（建築・設備改修設計業務） （参考：設備改修設計条件） **算定事例3**（耐震改修設計業務） **算定事例5-3**（工事監理業務） **算定事例6**（耐震診断業務）	庁舎 （第四号、第2類）	S：5,000m²	RC造 地上5階 地下1階

[1]令和6年国土交通省告示第8号（以下「告示8号」という。）別添二の建築物の類型及び建築物の用途等の分類
[2]告示8号別添三の難易度による補正の適用条件を設定

2．業務内容（一般業務と追加業務）の設定

一般業務及び追加業務は、「公共建築設計業務委託共通仕様書」（以下「設計共仕」という。）「建築工事監理業務委託共通仕様書」（以下「監理共仕」という。）を適用するものとし、「官庁施設の設計業務等積算基準の運用について（通知）」（以下「運用通知」という。）を参考にして算定事例ごとに設定している。

3．一般業務の業務人・時間数の算定方法

一般業務の業務人・時間数の算定方法について、単一用途の場合は「積算基準」及び「積算要領」により、複合建築物は業務報酬基準ガイドライン[※]5-4-2（複合建築物に係る略算方法の準用について）を参考にして算定している。

一般業務の業務人・時間数の算定の手順例を次に示す。

※設計、工事監理等に係る業務報酬基準について
（https://www.mlit.go.jp/jutakukentiku/build/jutakukentiku_house_tk_000082.html）

（1） 単一用途の建築物　**算定事例1-1**（p.100）、**算定事例5-1**（p.144）

① 一般業務の全てを委託する場合の業務人・時間数Aを床面積Sと「積算要領」別表1-1に掲げる係数a、bを用いて総合、構造、設備ごとに算定する。

② 一部を委託しない場合の総合、構造、設備ごとの業務人・時間数A∗を「積算要領」別表2-2に掲げる業務細分率から該当する対象外業務（本算定事例は設計意図伝達業務）の業務細分率を合算して求められる対象外業務率αを用いて①の業務人・時間数から対象外業務の業務人・時間数を減じて算定する。

③ 難易度により補正した総合、構造、設備ごとの業務人・時間数A∗∗を②の業務人・時間数に告示8号別添三の難易度係数βを乗じて算定する。

④ 業務人・時間数の合計を③の総合、構造、設備の業務人・時間数を合算して算定する。

表2　単一用途の建築物の一般業務の業務人・時間数

	総　合	構　造	設　備
床面積	S		
①全てを委託する場合の業務人・時間数	$A_1 = a_1 \times S^{b1}$	$A_2 = a_2 \times S^{b2}$	$A_3 = a_3 \times S^{b3}$
②一部を委託しない場合の業務人・時間数	$A_{1*} = A_1 \times (1-\alpha_1)$	$A_{2*} = A_2 \times (1-\alpha_2)$	$A_{3*} = A_3 \times (1-\alpha_3)$
③難易度により補正した業務人・時間数	$A_{1**} = A_{1*} \times \beta_1$	$A_{2**} = A_{2*} \times \beta_2$	$A_{3**} = A_{3*} \times \beta_3$
④業務人・時間数（合計）	$A_{1**} + A_{2**} + A_{3**}$		

（2）　複合建築物1（異なる用途で構造的に区分できない場合）

算定事例1-2（p.106）、算定事例5-2（p.149）

　　総合、構造、設備について、用途ごとに（1）①～③の手順により業務人・時間数を算定する。総合、構造、設備ごとに合算した業務人・時間数に複合化係数γを乗じて、これらを合算したものを業務人・時間数の合計とする。

　　なお、（注意）を参考に本算定方法の適用の確認を行う。

表3　構造的に区分できない複合建築物の一般業務の業務人・時間数

	総　合		構　造		設　備	
	用途①	用途②	用途①	用途②	用途①	用途②
床面積	S_1	S_2	S_1	S_2	S_1	S_2
①全てを委託する場合の業務人・時間数	A_1 $= a_1 \times S_1^{b1}$	A_4 $= a_4 \times S_2^{b4}$	A_2 $= a_2 \times S_1^{b2}$	A_5 $= a_5 \times S_2^{b5}$	A_3 $= a_3 \times S_1^{b3}$	A_6 $= a_6 \times S_2^{b6}$
②一部を委託しない場合の業務人・時間数	A_{1*} $= A_1 \times (1-\alpha_1)$	A_{4*} $= A_4 \times (1-\alpha_4)$	A_{2*} $= A_2 \times (1-\alpha_2)$	A_{5*} $= A_5 \times (1-\alpha_5)$	A_{3*} $= A_3 \times (1-\alpha_3)$	A_{6*} $= A_6 \times (1-\alpha_6)$
③難易度により補正した業務人・時間数	A_{1**} $= A_{1*} \times \beta_1$	A_{4**} $= A_{4*} \times \beta_1$	A_{2**} $= A_{2*} \times \beta_2$	A_{5**} $= A_{5*} \times \beta_2$	A_{3**} $= A_{3*} \times \beta_3$	A_{6**} $= A_{6*} \times \beta_3$
④複合化係数を乗じて補正した業務人・時間数	総合（計） $= (A_{1**} + A_{4**}) \times \gamma_1$		構造（計） $= (A_{2**} + A_{5**}) \times \gamma_2$		設備（計） $= (A_{3**} + A_{6**}) \times \gamma_3$	
⑤業務人・時間数（合計）	総合（計）＋構造（計）＋設備（計）					

（3）　複合建築物2（異なる用途で構造的に区分できる場合）　算定事例1-3（p.115）

　　総合、構造、設備について、用途ごとに（1）①～③の手順により業務人・時間数を算定する。総合、設備（構造は除く）ごとに合算した業務人・時間数に複合化係数γを乗じて、これらを合算したものと構造の業務人・時間数の合計とする。

　　なお、（注意）を参考に本算定方法の適用の確認を行う。

表4　構造的に区分できる複合建築物の一般業務の業務人・時間数

	総　合		構　造		設　備	
	用途①	用途②	用途①	用途②	用途①	用途②
床面積	S_1	S_2	S_1	S_2	S_1	S_2
①全てを委託する場合の業務人・時間数	A_1 $= a_1 \times S_1{}^{b1}$	A_4 $= a_4 \times S_2{}^{b4}$	A_2 $= a_2 \times S_1{}^{b2}$	A_5 $= a_5 \times S_2{}^{b5}$	A_3 $= a_3 \times S_1{}^{b3}$	A_6 $= a_6 \times S_2{}^{b6}$
②一部を委託しない場合の業務人・時間数	$A_1{}^*$ $= A_1 \times (1-\alpha_1)$	$A_4{}^*$ $= A_4 \times (1-\alpha_4)$	$A_2{}^*$ $= A_2 \times (1-\alpha_2)$	$A_5{}^*$ $= A_5 \times (1-\alpha_5)$	$A_3{}^*$ $= A_3 \times (1-\alpha_3)$	$A_6{}^*$ $= A_6 \times (1-\alpha_6)$
③難易度により補正した業務人・時間数	$A_1{}^{**}$ $= A_1{}^* \times \beta_1$	$A_4{}^{**}$ $= A_4{}^* \times \beta_4$	$A_2{}^{**}$ $= A_2{}^* \times \beta_2$	$A_5{}^{**}$ $= A_5{}^* \times \beta_5$	$A_3{}^{**}$ $= A_3{}^* \times \beta_3$	$A_6{}^{**}$ $= A_6{}^* \times \beta_6$
④複合化係数を乗じて補正した業務人・時間数	総合（計） $= (A_1{}^{**} + A_4{}^{**}) \times \gamma_1$		―		設備（計） $= (A_3{}^{**} + A_6{}^{**}) \times \gamma_3$	
⑤業務人・時間数（合計）	総合（計）＋$(A_2{}^{**} + A_5{}^{**})$＋設備（計）					

（注意）　（2）（3）による算定方法を適用することが不適切な場合

　　　　用途①と用途②から構成される複合建築物について、複合建築物として算出した一般業務の業務人・時間数（合計）が、用途①又は用途②の単一用途の建築物としてそれぞれ算出した一般業務の業務人・時間数（合計）のうち、小さい方の一般業務の業務人・時間数（合計）より小さい場合は、（2）、（3）による算定方法の適用は不適切となるため、実費加算方法などのその他の適切な方法により算定する必要がある。

4．複合建築物における積算業務（追加業務）の業務人・時間数の算定について

①　一般業務の全てを委託する場合の業務人・時間数Aを用途ごとの床面積Sと「積算要領」別表1-1に掲げる係数a、bを用いて総合、構造、設備ごとに算定する。

②　実施設計に係る業務細分率ηを「積算要領」別表2-2から求め①の業務人・時間数に乗じて、実施設計に係る業務人・時間数A***を算定する。

③　総合、構造、設備ごとに合算した業務人・時間数に複合化係数γを乗じて算定（構造的に区分できる複合建築物の場合の構造は除く）し合算した業務人・時間数に0.25を乗じたものを積算業務人・時間数とする。

表5　複合建築物の積算業務（追加業務）の業務人・時間数

	総　合		構　造		設　備	
	用途①	用途②	用途①	用途②	用途①	用途②
床面積	S_1	S_2	S_1	S_2	S_1	S_2
①全てを委託する場合の業務人・時間数	A_1 $= a_1 \times S_1{}^{b1}$	A_4 $= a_4 \times S_2{}^{b4}$	A_2 $= a_2 \times S_1{}^{b2}$	A_5 $= a_5 \times S_2{}^{b5}$	A_3 $= a_3 \times S_1{}^{b3}$	A_6 $= a_6 \times S_2{}^{b6}$
②実施設計に係る業務人・時間数	$A_1{}^{***}$ $= A_1 \times \eta_1$	$A_4{}^{***}$ $= A_4 \times \eta_4$	$A_2{}^{***}$ $= A_2 \times \eta_2$	$A_5{}^{***}$ $= A_5 \times \eta_5$	$A_3{}^{***}$ $= A_3 \times \eta_3$	$A_6{}^{***}$ $= A_6 \times \eta_6$
③複合化係数を乗じて補正した業務人・時間数	総合（計） $= (A_1{}^{***} + A_4{}^{***}) \times \gamma_1$		構造（計） $= (A_2{}^{***} + A_5{}^{***}) \times \gamma_2$		設備（計） $= (A_3{}^{***} + A_6{}^{***}) \times \gamma_3$	
④積算業務の業務人・時間数（合計）	｛総合（計）＋構造（計）＋設備（計）｝× 0.25					

5．端数処理について

業務人・時間数は便宜的に小数点以下第4位までを表示し端数処理は行っていない。このため表示された計算式と計算結果が合わないものがある。また、業務人・日は小数点以下第1位を切り捨てして整数としている。

6．設計業務委託等技術者単価について

直接人件費単価は、国土交通省が公表している設計業務委託等技術者単価（令和6年度）における「技師（C）」の単価を使用（「積算要領」第1章2．2による。）している。

なお、最新の設計業務委託等技術者単価については国土交通省のホームページ※を参照されたい。

※設計業務委託等技術者単価（https://www.mlit.go.jp/tec/gyoumu_tanka.html）

表6　令和6年度　設計業務委託等技術者単価（設計業務）

技術者の職種	基準日額（円）
主任技術者	８０，２００
理事、技師長	７５，８００
主任技師	６４，８００
技師（A）	５７，０００
技師（B）	４７，２００
技師（C）	３８，４００
技術員	３３，６００

7．特別経費

特別経費として公共建築設計者情報システム（PUBDIS）への業務カルテ情報の登録料を計上する場合は以下のとおり。詳細は、（一社）公共建築協会のホームページ※を参照されたい。

※公共建築設計者情報システム（PUBDIS）（https://www.pbaweb.jp/pubdis/）

表7　業務カルテ登録料金

令和6年4月現在

契約金額（税込）※	登録料金
①２，５００万円以上	９，４６０円（税抜８，６００円）
②５００万円以上２，５００万円未満	８，５９１円（税抜７，８１０円）
③５００万円未満	２，７７６円（税抜２，５２４円）

※設計業務委託料（税込み）に読替える。

設計業務に関する算定方法1（床面積に基づく算定方法、単一用途）

1．設計条件

　　単一用途の建築物の新築工事の設計業務とする。また、分担業務分野は、総合、構造、設備とし、設計条件は以下による。

（1）　施設の条件
　（ア）　建築物の用途等　　　庁舎（第四号、第2類）
　（イ）　構造・階数　　　　　ＳＲＣ－８－１
　（ウ）　床面積の合計　　　　１５，０００㎡
　（エ）　その他の条件　　（ａ）　特殊な敷地上の建築物
　　　　　　　　　　　　　　　　　・著しい高低差がある敷地で、支持地盤の傾斜や不陸により基礎構造が複雑である
　　　　　　　　　　　　　　　　　・既存インフラの切回しや盛替え等が生じるなど複雑なインフラ検討を要する
　　　　　　　　　　　　　　（ｂ）　特別な性能を有する設備が設けられる建築物
　　　　　　　　　　　　　　　　　・被災時のインフラ途絶等の際に電源や給排水等の機能維持性能を高める設備を有する

（2）　設計業務の内容及び範囲
　（ア）　一般業務の範囲
　　　　　基本設計及び実施設計に関する業務（設計意図伝達業務は含まない。）
　（イ）　追加業務の範囲
　（ａ）　積算業務（積算数量算出書の作成、単価作成資料の作成、見積収集、見積検討資料の作成）
　（ｂ）　透視図作成
　（ｃ）　模型製作
　（ｄ）　計画通知に関する手続業務（構造計算適合性判定及び建築物エネルギー消費性能適合性判定のいずれも必要）
　（ｅ）　市町村指導要綱による中高層建築物の届出書の作成及び申請手続業務（標識看板の作成、設置報告書の届出）
　（ｆ）　防災性能評定に関する資料の作成及び申請手続業務
　（ｇ）　リサイクル計画書の作成
　（ｈ）　概略工事工程表の作成
　（ｉ）　建築物のエネルギー消費性能の向上等に関する法律（平成２７年法律第５３号）第３４条第１項に規定する建築物エネルギー消費性能向上計画の認定に係る業務

２．業務人・時間数の算定

「積算要領」第２章２．に基づき、以下のとおり算定する。

（１）　一般業務のすべてを委託する場合の一般業務に係る業務人・時間数

「積算要領」第２章２．２（１）に基づき、次式により算定する。

$$A = a \times S^b$$

A：業務人・時間数

S：床面積の合計（m²）

a、b：「積算要領」別表1-1　第四号、第2類［３００m²≦S＜２０,０００m²］
　　　　の係数

総合：$A_1 = 4.2525 \times 15,000^{0.8833} = 20,767.5723$ ［人・時間］

構造：$A_2 = 2.7775 \times 15,000^{0.7672} = 4,441.7210$ ［人・時間］

設備：$A_3 = 0.3436 \times 15,000^{1.0615} = 9,310.5219$ ［人・時間］

一般業務のすべてを委託する場合の一般業務に係る業務人・時間数

$A_1 + A_2 + A_3 = 34,519.8152$ ［人・時間］

（２）　一般業務の一部を委託しない場合の一般業務に係る業務人・時間数

「積算要領」第２章２．２（２）に基づき、次式により算定する。

（一般業務の一部を委託しない場合の一般業務に係る業務人・時間数）
　＝（一般業務をすべて委託する場合の一般業務に係る業務人・時間数）
　　×（１－（対象外業務率））

（ア）　対象外業務となる設計意図の伝達に関する業務細分率の合計は、「積算要領」別表
2-2より以下となる。

総合：$(0.10 + 0.06) = 0.16$

構造：$(0.09 + 0.06) = 0.15$

設備：$(0.09 + 0.06) = 0.15$

（イ）　一般業務の一部を委託しない場合の一般業務に係る業務人・時間数

総合：$A_{1*} = A_1 \times (1 - 0.16) = 17,444.7607$ ［人・時間］

構造：$A_{2*} = A_2 \times (1 - 0.15) = 3,775.4629$ ［人・時間］

設備：$A_{3*} = A_3 \times (1 - 0.15) = 7,913.9436$ ［人・時間］

$A_{1*} + A_{2*} + A_{3*} = 29,134.1672$ ［人・時間］

（3） 難易度係数による補正

「積算要領」第2章2.2（3）に基づき、告示8号別添三第3項から第5項の各表の
（い）欄に該当する建築物の場合は、（ろ）欄の係数をそれぞれの業務分野の業務人・時間数
に乗じて補正する。

（ア） 総合に係る難易度係数による業務人・時間数の補正

（告示8号別添三　3　（い）欄　特殊な敷地　（ろ）欄　補正無し）

$$A_{1**} = A_{1*} = 17,444.7607 \text{［人・時間］}$$

（イ） 構造に係る難易度係数による業務人・時間数の補正

（告示8号別添三　4　（い）欄　特殊な敷地　（ろ）欄　1.13）

$$A_{2**} = A_{2*} \times 1.13 = 4,266.2730 \text{［人・時間］}$$

（ウ） 設備に係る難易度係数による業務人・時間数の補正

（告示8号別添三　5　（い）欄　特殊な敷地　（ろ）欄　1.09、

（い）欄　特別な性能　（ろ）欄　1.21）

$$A_{3**} = A_{3*} \times 1.09 \times 1.21 = 10,437.7002 \text{［人・時間］}$$

一般業務に係る業務人・時間数

$$A_{1**} + A_{2**} + A_{3**} = 32,148.7340 \text{［人・時間］}$$

（4） 追加業務に係る業務人・時間数

「積算要領」第2章2.3により、業務内容の実情に応じて算定する。

（a） 積算業務

「積算要領」第2章2.3（1）に基づき、以下のとおり算定する。

① 実施設計に関する業務細分率の合計は「積算要領」別表2-2より、「総合」「構造」
「設備」それぞれの合計とする。

総合：0.55
構造：0.63
設備：0.60

② 実施設計に係る業務人・時間数

総合：Ａ１×０.５５＝１１,４２２.１６４７［人・時間］

構造：Ａ２×０.６３＝ ２,７９８.２８４２［人・時間］

設備：Ａ３×０.６０＝ ５,５８６.３１３１［人・時間］

総合＋構造＋設備 ＝１９,８０６.７６２０［人・時間］

（積算業務に係る業務人・時間数）＝（実施設計に係る業務人・時間数）×０.２５

＝１９,８０６.７６２０［人・時間］×０.２５

＝４,９５１.６９０５［人・時間］

（ｂ） 透視図作成 ２４［人・時間］

（ｃ） 模型製作 ８０［人・時間］

（ｄ） 計画通知に関する手続業務

（構造計算適合性判定及び建築物エネルギー消費性能適合性判定のいずれも必要）

（「積算要領」第２章２.３（２）による） ３２［人・時間］

（ｅ） 市町村指導要綱による中高層建築物の届出書の作成及び申請手続業務

（標識看板の作成、設置報告書の届出） １６［人・時間］

（ｆ） 防災性能評定に関する資料の作成及び申請手続業務 １６［人・時間］

（ｇ） リサイクル計画書の作成 ２４［人・時間］

（ｈ） 概略工事工程表の作成 ２４［人・時間］

（ｉ） 建築物のエネルギー消費性能の向上等に関する法律（平成２７年法律第５３号）第

３４条第１項に規定するエネルギー消費性能向上計画の認定に係る業務

２４［人・時間］

追加業務に係る業務人・時間数

４,９５１.６９０５＋２４＋８０＋３２＋１６＋１６＋２４＋２４＋２４

＝５,１９１.６９０５［人・時間］

（５） 業務人・時間数

「積算要領」第２章１.に基づき、次式により算定する。

（業務人・時間数）＝（一般業務に係る業務人・時間数）

＋（追加業務に係る業務人・時間数）

＝３２,１４８.７３４０［人・時間］＋５,１９１.６９０５［人・時間］

＝３７,３４０.４２４５［人・時間］

3．設計業務委託料を構成する費用の算定

（1） 直接人件費

　　　直接人件費単価は「積算要領」第1章2.2に基づき、設計業務委託料算定条件6.に示す「令和6年度　設計業務委託等技術者単価」を使用して算定した。

　　　なお、技術者単価は基準日額となっているため、「業務人・時間数」を「業務人・日数」に置き換える。

$$（業務人・日数）＝（業務人・時間数）／8時間$$
$$＝37,340.4245［人・時間］／8時間$$
$$＝4,667［人・日］（小数点以下切り捨て）$$

$$（直接人件費）＝\Sigma\{（業務人・日数）×（直接人件費単価）\}$$
$$＝4,667［人・日］×38,400円$$
$$＝179,212,800円$$

（2） 諸経費（「積算要領」第1章2.4に基づき、諸経費率は1.1）

$$（諸経費）＝（直接人件費）×（諸経費率）$$
$$＝179,212,800円×1.1$$
$$＝197,134,080円$$

（3） 技術料等経費（「積算要領」第1章2.5に基づき、技術料等経費率は0.15）

$$（技術料等経費）＝\{（直接人件費）＋（諸経費）\}×（技術料等経費率）$$
$$＝（179,212,800円＋197,134,080円）×0.15$$
$$＝56,452,032円$$

（4） 特別経費

　　　PUBDIS（公共建築設計者情報システム）業務カルテ情報登録料金として、8,600円（税抜き価格）とする。

（5） 消費税等相当額

$$（消費税等相当額）＝\{（直接人件費）＋（諸経費）＋（技術料等経費）$$
$$＋（特別経費）\}×（消費税等率）$$
$$＝\{業務価格\}×（消費税等率）$$
$$＝\{179,212,800円＋197,134,080円$$
$$＋56,452,032円＋8,600円\}×0.1$$
$$＝432,807,512円×0.1$$
$$＝43,280,751円$$

設計業務委託料の積算（算定結果）

   （設計業務委託料）＝｛（直接人件費）＋（諸経費）＋（技術料等経費）＋（特別経費）｝

         ＋（消費税等相当額）

     ＝｛業務価格｝＋（消費税等相当額）

     ＝４３２，８０７，５１２円＋４３，２８０，７５１円

     ＝４７６，０８８，２６３円

設計業務委託料の積算（算定結果）

   （設計業務委託料）＝｛（直接人件費）＋（諸経費）＋（技術料等経費）＋（特別経費）｝

設計業務に関する算定方法1（床面積に基づく算定方法、複合建築物1）
（構造的に区分できない場合）

1．設計条件
　構造的に区分できない複合建築物の新築工事の設計業務とする。また、分担業務分野は、総合、構造、設備とし、設計条件は以下による。

（1）　施設の条件
　（ア）　建築物の用途等　　用途①　庁舎　　（第四号、第2類）
　　　　　　　　　　　　　　用途②　図書館（第十二号、第2類）
　　　　　　　　　　「複雑な構成ではなく、構造的には区分できない。また、床面積の合計で示すとおり、二つの用途それぞれの面積比としてそれほど隔たりがなく、主たる用途が明らかではない。かつ、一部施設が共用されており、独立運用できない。」
　（イ）　構造・階数　　　　ＲＣ－５－１
　（ウ）　床面積の合計　　　１０，０００ｍ²
　　　　　　　　　（庁舎５，４００ｍ²、図書館３，６００ｍ²、共用部１，０００ｍ²）
　　　　　　　　　　用途①　庁舎　：６，０００ｍ²
　　　　　　　　　　用途②　図書館：４，０００ｍ²
　　　　　　　　　　共用部は、案分して庁舎と図書館に計上した。
　（エ）　その他の条件　　　（a）　特殊な敷地上の建築物
　　　　　　　　　　　　　　　・著しい高低差がある敷地で、支持地盤の傾斜や不陸により基礎構造が複雑である
　　　　　　　　　　　　　　　・既存インフラの切回しや盛替え等が生じるなど複雑なインフラ検討を要する
　　　　　　　　　　　　　（b）　特別な性能を有する設備が設けられる建築物
　　　　　　　　　　　　　　　・被災時のインフラ途絶等の際に電源や給排水等の機能維持性能を高める設備を有する

（2）　設計業務の内容及び範囲
　（ア）　一般業務の範囲
　　　　基本設計及び実施設計に関する業務（設計意図伝達業務は含まない。）
　（イ）　追加業務の範囲
　　（a）　積算業務（積算数量算出書の作成、単価作成資料の作成、見積収集、見積検討資料の作成）
　　（b）　透視図作成

（ｃ）　模型製作
（ｄ）　計画通知に関する手続業務（構造計算適合性判定及び建築物エネルギー消費性能適合性判定のいずれも必要）
（ｅ）　市町村指導要綱による中高層建築物の届出書の作成及び申請手続業務（標識看板の作成、設置報告書の届出）
（ｆ）　防災性能評定に関する資料の作成及び申請手続業務
（ｇ）　リサイクル計画書の作成
（ｈ）　概略工事工程表の作成
（ｉ）　建築物のエネルギー消費性能の向上等に関する法律（平成２７年法律第５３号）第３４条第１項に規定する建築物エネルギー消費性能向上計画の認定に係る業務

２．業務人・時間数の算定

「積算要領」第２章２．に基づき、以下のとおり算定する。

（１）　一般業務のすべてを委託する場合の一般業務に係る業務人・時間数

業務人・時間数は、「積算要領」第２章１．に基づき、用途①庁舎と用途②図書館の業務人・時間数をそれぞれ次式により算定する。

$$A = a \times S^b$$

　　　A：業務人・時間数
　　　S：床面積の合計（m²）
　　　a、b：「積算要領」別表1-1の係数

（ア）　用途①　庁舎（「積算要領」別表1-1　第四号、第２類［３００m²≦S＜２０,０００m²］による）

総合：$A_1 = 4.2525 \times 6,000^{0.8833} = 9,244.5403$［人・時間］
構造：$A_2 = 2.7775 \times 6,000^{0.7672} = 2,199.1340$［人・時間］
設備：$A_3 = 0.3436 \times 6,000^{1.0615} = 3,520.1462$［人・時間］

（イ）　用途②　図書館（「積算要領」別表1-1　第十二号、第２類［３００m²≦S≦３０,０００m²］による）

総合：$A_4 = 5.8402 \times 4,000^{0.9197} = 12,001.6869$［人・時間］
構造：$A_5 = 3.1301 \times 4,000^{0.8052} = 2,488.4958$［人・時間］
設備：$A_6 = 1.0585 \times 4,000^{0.9969} = 4,126.5248$［人・時間］

（２）　一般業務の一部を委託しない場合の一般業務に係る業務人・時間数

「積算要領」第２章２．２（２）に基づき、用途①庁舎と用途②図書館の業務人・時間数をそれぞれ次式により算定する。

（一般業務の一部を委託しない場合の一般業務に係る業務人・時間数）
＝（一般業務をすべて委託する場合の一般業務に係る業務人・時間数）
　×（１－（対象外業務率））

（ア）　対象外業務となる設計意図の伝達に関する業務細分率の合計は、「積算要領」別表
2-2より以下となる。

総合：（0.10＋0.06）＝0.16
構造：（0.09＋0.06）＝0.15
設備：（0.09＋0.06）＝0.15

（イ）　一般業務の一部を委託しない場合の一般業務に係る業務人・時間数
（ａ）　用途①　庁舎

総合：$A_{1*}＝A_1×（1－0.16）＝7,765.4138$［人・時間］
構造：$A_{2*}＝A_2×（1－0.15）＝1,869.2639$［人・時間］
設備：$A_{3*}＝A_3×（1－0.15）＝2,992.1243$［人・時間］

（ｂ）　用途②　図書館

総合：$A_{4*}＝A_4×（1－0.16）＝10,081.4170$［人・時間］
構造：$A_{5*}＝A_5×（1－0.15）＝2,115.2214$［人・時間］
設備：$A_{6*}＝A_6×（1－0.15）＝3,507.5461$［人・時間］

（３）　難易度係数による補正
「積算要領」第2章2.2（3）に基づき、告示8号別添三第3項から第5項の各表の
（い）欄に該当する建築物の場合は、（ろ）欄の係数をそれぞれの業務分野の業務人・時間数
に乗じて補正する。

（ア）　用途①　庁舎
（ａ）　総合に係る難易度係数による業務人・時間数の補正
（告示8号別添三　3　（い）欄　特殊な敷地　（ろ）欄　補正無し）

$A_{1**}＝A_{1*}＝7,765.4138$［人・時間］

（ｂ）　構造に係る難易度係数による業務人・時間数の補正
（告示8号別添三　4　（い）欄　特殊な敷地　（ろ）欄　1.13）

$A_{2**}＝A_{2*}×1.13＝2,112.2682$［人・時間］

（c） 設備に係る難易度係数による業務人・時間数の補正

（告示8号別添三　5　(い)欄　特殊な敷地　(ろ)欄　1.09、

(い)欄　特別な性能　(ろ)欄　1.21）

$$A_{3**} = A_{3*} \times 1.09 \times 1.21 = 3,946.3127 \ [人・時間]$$

（イ）　用途②　図書館

（a）　総合に係る難易度係数による業務人・時間数の補正

（告示8号別添三　3　(い)欄　特殊な敷地　(ろ)欄　補正無し）

$$A_{4**} = A_{4*} = 10,081.4170 \ [人・時間]$$

（b）　構造に係る難易度係数による業務人・時間数の補正

（告示8号別添三　4　(い)欄　特殊な敷地　(ろ)欄　1.13）

$$A_{5**} = A_{5*} \times 1.13 = 2,390.2002 \ [人・時間]$$

（c）　設備に係る難易度係数による業務人・時間数の補正

（告示8号別添三　5　(い)欄　特殊な敷地　(ろ)欄　1.09、

(い)欄　特別な性能　(ろ)欄　1.21）

$$A_{6**} = A_{6*} \times 1.09 \times 1.21 = 4,626.1026 \ [人・時間]$$

（4）　複合建築物の一般業務に係る業務人・時間数

「積算要領」第2章2.2（4）に基づき、用途①庁舎と用途②図書館の業務人・時間数を合算し、複合化係数を乗じて算定する。

（ア）　複合化係数（「積算要領」別表1-4による）

総合：1.06

構造：0.91

設備：1.07

（イ）　複合化係数を乗じた一般業務に係る業務人・時間数

複合建築物＝（用途①庁舎［人・時間］＋用途②図書館［人・時間］）×複合化係数

総合＝{$A_{1**} + A_{4**}$} × 1.06 = 18,917.6407 ［人・時間］

構造＝{$A_{2**} + A_{5**}$} × 0.91 =　4,097.2463 ［人・時間］

設備＝{$A_{3**} + A_{6**}$} × 1.07 =　9,172.4844 ［人・時間］

一般業務に係る業務人・時間数

　　総合＋構造＋設備＝３２，１８７．３７１５［人・時間］

（５）　複合建築物の算定方法の確認

　　　設計業務等委託料算定条件３．（注意）書を検証する。

　　　合算した業務人・時間数が、各用途を単一用途とした場合の業務人・時間数（本算定事例の場合は、床面積１０，０００ｍ²の業務人・時間数）のうち小さい方の業務人・時間数よりも大きいことを確認する。

（ア）　庁舎（床面積１０，０００ｍ²）（第四号、第２類）を単一用途とした場合

　（ａ）　一般業務に係る業務人・時間数

　　　　総合：$X_1 = 4.2525 \times 10,000^{0.8833} = 14,515.9118$［人・時間］
　　　　構造：$X_2 = 2.7775 \times 10,000^{0.7672} = 3,254.2736$［人・時間］
　　　　設備：$X_3 = 0.3436 \times 10,000^{1.0615} = 6,054.1496$［人・時間］

　（ｂ）　対象外業務を除いた一般業務に係る業務人・時間数

　　　　総合：$X_{1*} = X_1 \times (1 - 0.16) = 12,193.3659$［人・時間］
　　　　構造：$X_{2*} = X_2 \times (1 - 0.15) = 2,766.1325$［人・時間］
　　　　設備：$X_{3*} = X_3 \times (1 - 0.15) = 5,146.0272$［人・時間］

　（ｃ）　難易度係数による補正

　　　　総合：$X_{1**} = X_{1*}$ ＝ $12,193.3659$［人・時間］
　　　　構造：$X_{2**} = X_{2*} \times 1.13$ ＝ $3,125.7298$［人・時間］
　　　　設備：$X_{3**} = X_{3*} \times 1.09 \times 1.21 = 6,787.0953$［人・時間］

　　　庁舎を単一用途とした場合の一般業務に係る業務人・時間数

　　　$X_{1**} + X_{2**} + X_{3**} = 22,106.1911$［人・時間］

（イ）　図書館（床面積１０，０００ｍ²）（第一二号、第２類）を単一用途とした場合

　（ａ）　一般業務に係る業務人・時間数

　　　　総合：$X_4 = 5.8402 \times 10,000^{0.9197} = 27,875.8243$［人・時間］
　　　　構造：$X_5 = 3.1301 \times 10,000^{0.8052} = 5,204.2507$［人・時間］
　　　　設備：$X_6 = 1.0585 \times 10,000^{0.9969} = 10,287.0502$［人・時間］

（ｂ）　対象外業務を除いた一般業務に係る業務人・時間数

$$総合：X_{4*}=X_4×（1-0.16）=23,415.6924　[人・時間]$$
$$構造：X_{5*}=X_5×（1-0.15）=　4,423.6131　[人・時間]$$
$$設備：X_{6*}=X_6×（1-0.15）=　8,743.9927　[人・時間]$$

（ｃ）　難易度係数による補正

$$総合：X_{4**}=X_{4*}　　　　　　　　　=23,415.6924　[人・時間]$$
$$構造：X_{5**}=X_{5*}×1.13　　　　　=　4,998.6828　[人・時間]$$
$$設備：X_{6**}=X_{6*}×1.09×1.21=11,532.4520　[人・時間]$$

図書館を単一用途とした場合の一般業務に係る業務人・時間数

$$X_{4**}+X_{5**}+X_{6**}=39,946.8273　[人・時間]$$

（ウ）　一般業務に係る業務人・時間数の確認
（ａ）　複合建築物とした場合　　　　　　　32,187.3715　[人・時間]
（ｂ）　庁舎を単一用途とした場合　　　　　22,106.1911　[人・時間]
（ｃ）　図書館を単一用途とした場合　　　　39,946.8273　[人・時間]

設計業務等委託料算定条件3.（注意）書を検証する。

（ｂ）庁舎を単一用途とした場合 ＜（ｃ）図書館を単一用途とした場合
（ａ）複合建築物とした場合 ＞（ｂ）庁舎を単一用途とした場合

以上より、業務報酬基準ガイドライン5-4-2を適用することができる。

（6）　追加業務に係る業務人・時間数
「積算要領」第2章2.3に基づき、業務内容の実情に応じて算定する。

（ａ）　積算業務
「積算要領」第2章2.3（1）に基づき、以下のとおり算定する。

①　実施設計に関する業務細分率は「積算要領」別表2-2より、「総合」「構造」「設備」それぞれの合計とする。

総合：0.55
構造：0.63
設備：0.60

② 用途①　庁舎の実施設計に係る業務人・時間数

$$総合：A_{1***}＝A_1×0.55＝5,084.4971 ［人・時間］$$
$$構造：A_{2***}＝A_2×0.63＝1,385.4544 ［人・時間］$$
$$設備：A_{3***}＝A_3×0.60＝2,112.0877 ［人・時間］$$

③ 用途②　図書館の実施設計に係る業務人・時間数

$$総合：A_{4***}＝A_4×0.55＝6,600.9278 ［人・時間］$$
$$構造：A_{5***}＝A_5×0.63＝1,567.7523 ［人・時間］$$
$$設備：A_{6***}＝A_6×0.60＝2,475.9149 ［人・時間］$$

④ 複合建築物の実施設計に係る業務人・時間数

$$総合：\{A_{1***}＋A_{4***}\}×1.06＝12,386.5505 ［人・時間］$$
$$構造：\{A_{2***}＋A_{5***}\}×0.91＝2,687.4182 ［人・時間］$$
$$設備：\{A_{3***}＋A_{6***}\}×1.07＝4,909.1628 ［人・時間］$$
$$総合＋構造＋設備＝19,983.1315 ［人・時間］$$

$$（積算業務に係る業務人・時間数）＝（実施設計に係る業務人・時間数）×0.25$$
$$＝19,983.1315 ［人・時間］×0.25$$
$$＝4,995.7828 ［人・時間］$$

（b）　透視図作成　　　　　　　　　　　　　　　　　　　　24 ［人・時間］
（c）　模型製作　　　　　　　　　　　　　　　　　　　　　56 ［人・時間］
（d）　計画通知に関する手続業務
　　　（構造計算適合性判定及び建築物エネルギー消費性能適合性判定のいずれも必要）
　　　（「積算要領」第2章2.3（2）による）　　　　　　　32 ［人・時間］
（e）　市町村指導要綱による中高層建築物の届出書の作成及び申請手続業務
　　　（標識看板の作成、設置報告書の届出）　　　　　　　16 ［人・時間］
（f）　防災性能評定に関する資料の作成及び申請手続業務　16 ［人・時間］
（g）　リサイクル計画書の作成　　　　　　　　　　　　　24 ［人・時間］
（h）　概略工事工程表の作成　　　　　　　　　　　　　　24 ［人・時間］
（i）　建築物のエネルギー消費性能の向上等に関する法律（平成27年法律第53号）第
　　　34条第1項に規定するエネルギー消費性能向上計画の認定に係る業務
　　　　　　　　　　　　　　　　　　　　　　　　　　　24 ［人・時間］

追加業務に係る業務人・時間数

$$4,995.7828＋24＋56＋32＋16＋16＋24＋24＋24$$
$$＝5,211.7828 ［人・時間］$$

（7） 業務人・時間数

「積算要領」第2章1.に基づき、次式により算定する。

（業務人・時間数）＝（一般業務に係る業務人・時間数）

+（追加業務に係る業務人・時間数）

=32,187.3715［人・時間］+5,211.7828［人・時間］

=37,399.1543［人・時間］

3．設計業務委託料を構成する費用の算定

（1） 直接人件費

直接人件費単価は「積算要領」第1章2.2に基づき、設計業務委託料算定条件6.に示す「令和6年度　設計業務委託等技術者単価」を使用して算定した。

なお、技術者単価は基準日額となっているため、「業務人・時間数」を「業務人・日数」に置き換える。

（業務人・日数）＝（業務人・時間数）／8時間

=37,399.1543［人・時間］／8時間

=4,674［人・日］（小数点以下第1位を切り捨て）

（直接人件費）　＝Σ｛（業務人・日数）×（直接人件費単価）｝

=4,674［人・日］×38,400円

=179,481,600円

（2） 諸経費（「積算要領」第1章2.4に基づき、諸経費率は1.1）

（諸経費）　　　＝（直接人件費）×（諸経費率）

=179,481,600円×1.1

=197,429,760円

（3） 技術料等経費（「積算要領」第1章2.5に基づき、技術料等経費率は0.15）

（技術料等経費）＝｛（直接人件費）+（諸経費）｝×（技術料等経費率）

=（179,481,600円+197,429,760円）×0.15

=56,536,704円

（4） 特別経費

ＰＵＢＤＩＳ（公共建築設計者情報システム）業務カルテ情報登録料金として、8,600円（税抜き価格）とする。

（5）　消費税等相当額

　　　　（消費税等相当額）＝｛（直接人件費）＋（諸経費）＋（技術料等経費）＋（特別経費）｝
　　　　　　　　　　　　　　× （消費税等率）

　　　　　　　　　　　　＝｛業務価格｝×（消費税等率）

　　　　　　　　　　　　＝｛１７９，４８１，６００円＋１９７，４２９，７６０円
　　　　　　　　　　　　　＋５６，５３６，７０４円＋８，６００円｝×０.１

　　　　　　　　　　　　＝４３３，４５６，６６４円×０.１

　　　　　　　　　　　　＝４３，３４５，６６６円

設計業務委託料の積算

　　　（設計業務委託料）＝｛（直接人件費）＋（諸経費）＋（技術料等経費）＋（特別経費）｝
　　　　　　　　　　　　　＋（消費税等相当額）

　　　　　　　　　　　＝｛業務価格｝＋（消費税等相当額）

　　　　　　　　　　　＝４３３，４５６，６６４円＋４３，３４５，６６６円

　　　　　　　　　　　＝４７６，８０２，３３０円

設計業務に関する算定方法1（床面積に基づく算定方法、複合建築物2）
（構造的に区分でき、独立運用できる場合）

1．設計条件

構造的に区分できる複合建築物の新築工事の設計業務とする。また、分担業務分野は、総合、構造、設備とし、設計条件は以下による。

（1）　施設の条件

（ア）　建築物の用途等　　　用途①　庁舎　　（第四号、第2類）

用途②　図書館（第十二号、第2類）

「複雑な構成ではなく構造的には明確に区分できる。また、床面積の合計で示すとおり、二つの用途それぞれの面積比としてそれほど隔たりがなく、主たる用途が明らかではないが、独立運用できる。」

（イ）　構造・階数　　　　　ＲＣ－5－1

（ウ）　床面積の合計　　　　10,000㎡

用途①　庁舎　：6,000㎡

用途②　図書館：4,000㎡

（エ）　その他の条件　　　（a）　特殊な敷地上の建築物

・著しい高低差がある敷地で、支持地盤の傾斜や不陸により基礎構造が複雑である

・既存インフラの切回しや盛替え等が生じるなど複雑なインフラ検討を要する

（b）　特別な性能を有する設備が設けられる建築物

・被災時のインフラ途絶等の際に電源や給排水等の機能維持性能を高める設備を有する

（2）　設計業務の内容及び範囲

（ア）　一般業務の範囲

基本設計及び実施設計に関する業務（設計意図伝達業務は含まない。）

（イ）　追加業務の範囲

（a）　積算業務（積算数量算出書の作成、単価作成資料の作成、見積収集、見積検討資料の作成）

（b）　透視図作成

（c）　模型製作

（d）　計画通知に関する手続業務（構造計算適合性判定及び建築物エネルギー消費性能適合性判定のいずれも必要）

（ｅ）　市町村指導要綱による中高層建築物の届出書の作成及び申請手続業務（標識看板の作成、設置報告書の届出）

（ｆ）　防災性能評定に関する資料の作成及び申請手続業務

（ｇ）　リサイクル計画書の作成

（ｈ）　概略工事工程表の作成

（ｉ）　建築物のエネルギー消費性能の向上等に関する法律（平成２７年法律第５３号）第３４条第１項に規定する建築物エネルギー消費性能向上計画の認定に係る業務

２．業務人・時間数の算定

「積算要領」第２章２．に基づき、以下のとおり算定する。

（１）　一般業務のすべてを委託する場合の一般業務に係る業務人・時間数

「積算要領」第２章２.２（１）に基づき、用途①庁舎と用途②図書館の業務人・時間数をそれぞれ次式により算定する。

$$A = a \times S^b$$

A：業務人・時間数

S：床面積の合計（m²）

a、b：「積算要領」別表1-1の係数

（ア）　用途①　庁舎（「積算要領」別表1-1　第四号、第2類［３００m²≦S＜２０,０００m²］による）

総合：$A_1 = 4.2525 \times 6,000^{0.8833} = 9,244.5403$［人・時間］

構造：$A_2 = 2.7775 \times 6,000^{0.7672} = 2,199.1340$［人・時間］

設備：$A_3 = 0.3436 \times 6,000^{1.0615} = 3,520.1462$［人・時間］

（イ）　用途②　図書館（「積算要領」別表1-1　第十二号、第2類［３００m²≦S≦３０,０００m²］による）

総合：$A_4 = 5.8402 \times 4,000^{0.9197} = 12,001.6869$［人・時間］

構造：$A_5 = 3.1301 \times 4,000^{0.8052} = 2,488.4958$［人・時間］

設備：$A_6 = 1.0585 \times 4,000^{0.9969} = 4,126.5248$［人・時間］

（２）　一般業務の一部を委託しない場合の一般業務に係る業務人・時間数

「積算要領」第２章２.２（２）に基づき、用途①庁舎と用途②図書館の業務人・時間数をそれぞれ次式により算定する。

（一般業務の一部を委託しない場合の一般業務に係る業務人・時間数）

＝（一般業務をすべて委託する場合の一般業務に係る業務人・時間数）

×（１－（対象外業務率））

（ア） 対象外業務となる設計意図の伝達に関する業務細分率の合計は、「積算要領」別表2-2より以下となる。

総合：$(0.10 + 0.06) = 0.16$
構造：$(0.09 + 0.06) = 0.15$
設備：$(0.09 + 0.06) = 0.15$

（イ） 一般業務の一部を委託しない場合の一般業務に係る業務人・時間数
（a） 用途① 庁舎

総合：$A_{1*} = A_1 \times (1 - 0.16) = 7,756.4138$ ［人・時間］
構造：$A_{2*} = A_2 \times (1 - 0.15) = 1,869.2639$ ［人・時間］
設備：$A_{3*} = A_3 \times (1 - 0.15) = 2,992.1243$ ［人・時間］

（b） 用途② 図書館

総合：$A_{4*} = A_4 \times (1 - 0.16) = 10,081.4170$ ［人・時間］
構造：$A_{5*} = A_5 \times (1 - 0.15) = 2,115.2214$ ［人・時間］
設備：$A_{6*} = A_6 \times (1 - 0.15) = 3,507.5461$ ［人・時間］

（3） 難易度係数による補正

「積算要領」第2章2.2（3）に基づき、告示8号別添三第3項から第5項の各表の（い）欄に該当する建築物の場合は、（ろ）欄の係数をそれぞれの業務人・時間数に乗じて補正する。

（ア） 用途① 庁舎
（a） 総合に係る難易度係数による業務人・時間数の補正
（告示8号別添三　3　（い）欄　特殊な敷地　（ろ）欄　補正無し）

$A_{1**} = A_{1*} = 7,765.4138$ ［人・時間］

（b） 構造に係る難易度係数による業務人・時間数の補正
（告示8号別添三　4　（い）欄　特殊な敷地　（ろ）欄　1.13）

$A_{2**} = A_{2*} \times 1.13 = 2,112.2682$ ［人・時間］

（c） 設備に係る難易度係数による業務人・時間数の補正
（告示8号別添三　5　（い）欄　特殊な敷地　（ろ）欄　1.09、
　　　　　　　　　　　　　（い）欄　特別な性能　（ろ）欄　1.21）

$A_{3**} = A_{3*} \times 1.09 \times 1.21 = 3,946.3127$ ［人・時間］

（イ）　用途②　図書館

　　（ａ）　総合に係る難易度係数による業務人・時間数の補正
　　　　　（告示８号別添三　３　（い）欄　特殊な敷地　（ろ）欄　補正無し）

　　　　　　$A_{4**} = A_{4*} = 10,081.4170$［人・時間］

　　（ｂ）　構造に係る難易度係数による業務人・時間数の補正
　　　　　（告示８号別添三　４　（い）欄　特殊な敷地　（ろ）欄　1.13）

　　　　　　$A_{5**} = A_{5*} \times 1.13 = 2,390.2002$［人・時間］

　　（ｃ）　設備に係る難易度係数による業務人・時間数の補正
　　　　　（告示８号別添三　５　（い）欄　特殊な敷地　（ろ）欄　1.09、
　　　　　　　　　　　　　　　　　　（い）欄　特別な性能　（ろ）欄　1.21）

　　　　　　$A_{6**} = A_{6*} \times 1.09 \times 1.21 = 4,626.1026$［人・時間］

（４）　複合建築物の一般業務に係る業務人・時間数

　　「積算要領」第２章２．２（４）に基づき、用途①庁舎と用途②図書館の一般業務に係る業務人・時間数を合算し、複合化係数を乗じて算定する。

（ア）　複合化係数（「積算要領」別表1–4による）

　　　　総合：1.06
　　　　設備：1.07

（イ）　複合化係数を乗じた一般業務に係る業務人・時間数

　　　　複合建築物＝（用途①庁舎［人・時間］＋用途②図書館［人・時間］）×複合化係数

　　　　総合＝｛$A_{1**} + A_{4**}$｝×1.06＝18,917.6407［人・時間］
　　　　構造＝｛$A_{2**} + A_{5**}$｝　　　＝　4,502.4685［人・時間］
　　　　設備＝｛$A_{3**} + A_{6**}$｝×1.07＝　9,172.4844［人・時間］

　　　一般業務に係る業務人・時間数

　　　総合＋構造＋設備＝32,592.5937［人・時間］

（５）　複合建築物の算定方法の確認
　　　設計業務等委託料算定条件３．（注意）書を検証する。
　　　合算した業務人・時間数が、各用途を単一用途とした場合の業務人・時間数（本算定事例の場合は、床面積10,000m²の業務人・時間数）のうち小さい方の業務人・時間数よりも大きいことを確認する。

（ア）　庁舎（床面積１０，０００m²）及び図書館床面積１０，０００m²をそれぞれ単一用途
とした場合の一般業務に係る業務人・時間数は 算定事例1-1 と同じ。

（イ）　一般業務に係る業務人・時間数の確認
　　（a）　複合建築物とした場合　　　　　　　３２，５９２．５９３７［人・時間］
　　（b）　庁舎を単一用途とした場合　　　　　２２，１０６．１９１１［人・時間］
　　（c）　図書館を単一用途とした場合　　　　３９，９４６．８２７３［人・時間］

　　　　設計業務等委託料算定条件３．(注意)書を検証する。

　　　　　　（b）庁舎を単一用途とした場合 ＜（c）図書館を単一用途とした場合
　　　　　　（a）複合建築物とした場合 ＞（b）庁舎を単一用途とした場合

　　　　以上より、業務報酬基準ガイドライン５-４-２を適用することができる。

（6）　追加業務に係る業務人・時間数
　　　「積算要領」第２章２．３に基づき、業務内容の実情に応じて算定する。

（a）　積算業務
　　　「積算要領」第２章２．３（１）に基づき、以下のとおり算定する。

①　実施設計に関する業務細分率は「積算要領」別表２-２より「総合」「構造」「設
備」それぞれの合計とする。

　　　　総合：０．５５
　　　　構造：０．６３
　　　　設備：０．６０

②　用途①　庁舎の実施設計に係る業務人・時間数

　　　　総合：$A_{1***} = A_1 × 0.55 = 5,084.4971$［人・時間］
　　　　構造：$A_{2***} = A_2 × 0.63 = 1,385.4544$［人・時間］
　　　　設備：$A_{3***} = A_3 × 0.60 = 2,112.0877$［人・時間］

③　用途②　図書館の実施設計に係る業務人・時間数

　　　　総合：$A_{4***} = A_4 × 0.55 = 6,600.9278$［人・時間］
　　　　構造：$A_{5***} = A_5 × 0.63 = 1,567.7523$［人・時間］
　　　　設備：$A_{6***} = A_6 × 0.60 = 2,475.9149$［人・時間］

④　複合建築物の実施設計に係る業務人・時間数

$$総合：\{A_{1}*** + A_{4}***\} \times 1.06 = 12,386.5505 \text{［人・時間］}$$
$$構造：\{A_{2}*** + A_{5}***\} \qquad = \quad 2,953.2068 \text{［人・時間］}$$
$$設備：\{A_{3}*** + A_{6}***\} \times 1.07 = \quad 4,909.1628 \text{［人・時間］}$$
$$総合＋構造＋設備 = 20,248.9202 \text{［人・時間］}$$

$$（積算業務に係る業務人・時間数）＝（実施設計に係る業務人・時間数）\times 0.25$$
$$= 20,248.9202 \text{［人・時間］} \times 0.25$$
$$= 5,062.2300 \text{［人・時間］}$$

（b）	透視図作成	24 ［人・時間］
（c）	模型製作	56 ［人・時間］

（d）　計画通知に関する手続業務
（構造計算適合性判定及び建築物エネルギー消費性能適合性判定のいずれも必要）
（「積算要領」第2章2.3（2）による）　　　　　　　　　　32 ［人・時間］

（e）　市町村指導要綱による中高層建築物の届出書の作成及び申請手続業務
（標識看板の作成、設置報告書の届出）　　　　　　　　　　16 ［人・時間］

（f）　防災性能評定に関する資料の作成及び申請手続業務　　　　16 ［人・時間］

（g）　リサイクル計画書の作成　　　　　　　　　　　　　　　24 ［人・時間］

（h）　概略工事工程表の作成　　　　　　　　　　　　　　　　24 ［人・時間］

（i）　建築物のエネルギー消費性能の向上等に関する法律（平成27年法律第53号）第
　　34条第1項に規定するエネルギー消費性能向上計画の認定に係る業務
　　　　　　　　　　　　　　　　　　　　　　　　　　　　　24 ［人・時間］

追加業務に係る業務人・時間数

$$5,062.2300 + 24 + 56 + 32 + 16 + 16 + 24 + 24 + 24$$
$$= 5,278.2300 \text{［人・時間］}$$

（7）　業務人・時間数

「積算要領」第2章1.に基づき、次式により算定する。

$$（業務人・時間数）＝（一般業務に係る業務人・時間数）$$
$$+（追加業務に係る業務人・時間数）$$
$$= 32,592.5937 \text{［人・時間］} + 5,278.2300 \text{［人・時間］}$$
$$= 37,870.8237 \text{［人・時間］}$$

３．設計業務委託料を構成する費用の算定

（１） 直接人件費

　　　直接人件費単価は「積算要領」第１章２．２に基づき、設計業務委託料算定条件６．に示す「令和６年度　設計業務委託等技術者単価」を使用して算定した。

　　　なお、技術者単価は基準日額となっているため、「業務人・時間数」を「業務人・日数」に置き換える。

$$（業務人・日数）＝（業務人・時間数）／8時間$$
$$＝37,870.8237 ［人・時間］／8時間$$
$$＝4,733 ［人・日］（小数点以下第1位を切り捨て）$$

$$（直接人件費）＝Σ｛（業務人・日数）×（直接人件費単価）｝$$
$$＝4,733 ［人・日］×38,400円$$
$$＝181,747,200円$$

（２） 諸経費（「積算要領」第１章２．４に基づき、諸経費率は１．１）

$$（諸経費）＝（直接人件費）×（諸経費率）$$
$$＝181,747,200円×1.1$$
$$＝199,921,920円$$

（３） 技術料等経費（「積算要領」第１章２．５に基づき、技術料等経費率は０．１５）

$$（技術料等経費）＝｛（直接人件費）＋（諸経費）｝×（技術料等経費率）$$
$$＝（181,747,200円＋199,921,920円）×0.15$$
$$＝57,250,368円$$

（４） 特別経費

　　　ＰＵＢＤＩＳ（公共建築設計者情報システム）業務カルテ情報登録料金として、8,600円（税抜き価格）とする。

（５） 消費税等相当額

$$（消費税等相当額）＝｛（直接人件費）＋（諸経費）＋（技術料等経費）＋（特別経費）｝$$
$$×（消費税等率）$$
$$＝｛業務価格｝×（消費税等率）$$
$$＝｛181,747,200円＋199,921,920円$$
$$＋57,250,368円＋8,600円｝×0.1$$
$$＝438,928,088円×0.1$$
$$＝43,892,808円$$

設計業務委託料の積算

　　(設計業務委託料)＝{(直接人件費)＋(諸経費)＋(技術料等経費)＋(特別経費)}
　　　　　　　　　　　＋(消費税等相当額)
　　　　　　　　　＝{業務価格}＋(消費税等相当額)
　　　　　　　　　＝４３８,９２８,０８８円＋４３,８９２,８０８円
　　　　　　　　　＝<u>４８２,８２０,８９６</u>円

設計業務に関する算定方法２ （図面目録に基づく算定方法）

1. 設計条件

建築物の建築・設備改修設計業務で、一般業務の内容を基本設計の成果に相当する図面等に基づき図面目録を作成して行う実施設計業務とし、設計条件は以下による。

（１） 施設の条件
　（ア） 建築物の用途等　　　庁舎（第四号、第２類）
　（イ） 構造・階数　　　　　ＲＣ－５－１
　（ウ） 床面積の合計　　　　５，０００㎡
　（エ） 改修設計内容
　　（ａ） 建築改修設計（外壁改修及び間仕切り変更）
　　（ｂ） 外構改修設計
　　（ｃ） 電気設備改修設計
　　（ｄ） 機械設備改修設計
　（オ） 総工事費の想定　　　７８，０００千円
　　　　　　　　　　　　　　（建築：６２，０００千円　設備：１６，０００千円）
　　　　　　　　　　　　　　（いずれも、消費税等相当額は含まないものとする。）

（２） 設計業務の内容及び範囲
　（ア） 一般業務の範囲
　　　　上記（１）の改修設計内容に関する実施設計業務
　（イ） 追加業務の範囲
　　　　積算業務（積算数量算出書の作成、単価作成資料の作成、見積徴集、見積検討資料の作成）

（３） 業務人・時間数の算定に係る条件
　（ア） 改修設計図面目録　　表１及び表２による
　（イ） 図面１枚毎の複雑度　「積算要領」第２章３．２（３）（ロ）に基づき、「積算要領」別表2-1より設定する
　（ウ） ＣＡＤデータの提供等により業務量低減が図られる場合の影響度
　　　　　　　　　　　　　　「積算要領」第２章３．２（３）（ハ）に基づき、「参考資料２」３．２（３）より設定する

２．業務人・時間数の算定

「積算要領」第2章3．に基づき、以下のとおり算定する。

（1）　一般業務に係る業務人・時間数

「積算要領」第2章3．2（1）に基づき、図面目録に掲げられた図面1枚毎に算定した業務人・時間数の合計とし、次式により算定する。

（一般業務に係る業務人・時間数）＝Σ（図面1枚毎の業務人・時間数）

（ア）　図面1枚毎の業務人・時間数

（ａ）　図面1枚（大きさは、841mm×594mm（Ａ1版）とする。）毎の作成に必要となる業務人・時間数は、「積算要領」第2章3．2（2）により、次式により算定する。

① 建築改修工事分の設計に必要となる図面1枚毎の業務人・時間数

（業務人・時間数）＝13.567×（図面1枚毎の換算図面枚数）

② 設備改修工事分の設計に必要となる図面1枚毎の業務人・時間数

（業務人・時間数）＝10.233×（図面1枚毎の換算図面枚数）

（ｂ）　図面1枚毎の換算図面枚数の算定は、「積算要領」第2章3．2（3）に基づき、次式により算定する。

（図面1枚毎の換算図面枚数）＝1×（複雑度）

×（ＣＡＤデータの提供等により業務量低減が図られる場合の影響度）

（ｃ）　「複雑度」は、「積算要領」第2章3．2（3）（ロ）に基づき、「積算要領」別表2-1より設定している。

（ｄ）　「ＣＡＤデータの提供等により業務量低減が図られる場合の影響度」は、「積算要領」第2章3．2（3）（ハ）に基づき、本算定事例では「参考資料2」3．2（3）を参考に0.7に設定した。また、追加業務の積算業務の業務人・時間数は、「積算要領」第2章3．3に基づき、「ＣＡＤデータの提供等により業務量低減が図られる場合の影響度」を1.0に設定した。

（ｅ）　建築改修設計業務に必要となる業務人・時間数については、表1のとおり。

（ｆ）　設備改修設計業務に必要となる業務人・時間数については、表2のとおり。

表1 建築改修設計業務の図面目録

番号	図面名称	縮尺	複雑度	複雑度に係る係数	CADデータの提供等により業務量低減が図られる場合の影響度	「CADデータの提供等により業務量低減が図られる場合の影響度」を反映した図面1枚毎の業務人・時間数	「CADデータの提供等により業務量低減が図られる場合の影響度」を1.0として算定した業務人・時間数
A00	表紙、図面目録	―	―	―	―	―	―
A01	改修特記仕様書（1）	―	A	0.6	0.7	5.6981	8.1402
A02	改修特記仕様書（2）	―	A	0.6	0.7	5.6981	8.1402
A03	改修特記仕様書（3）	―	A	0.6	0.7	5.6981	8.1402
A04	改修特記仕様書（4）	―	A	0.6	0.7	5.6981	8.1402
A05	工事区分表	―	A	0.6	0.7	5.6981	8.1402
A06	案内・配置図	1／200	A	0.6	0.7	5.6981	8.1402
A07	改修仕上表	―	A	0.6	0.7	5.6981	8.1402
A08	1階平面図（改修前、改修後）	1／100	B	1.0	0.7	9.4969	13.5670
A09	2階平面図（改修前、改修後）	1／100	B	1.0	0.7	9.4969	13.5670
A10	3階平面図（改修前、改修後）	1／100	B	1.0	0.7	9.4969	13.5670
A11	屋根伏図	1／100	B	1.0	0.7	9.4969	13.5670
A12	立面図（1）	1／100	B	1.0	0.7	9.4969	13.5670
A13	立面図（2）	1／100	B	1.0	0.7	9.4969	13.5670
A14	立面図（3）	1／100	B	1.0	0.7	9.4969	13.5670
A15	立面図（4）	1／100	B	1.0	0.7	9.4969	13.5670
A16	断面図	1／100	B	1.0	0.7	9.4969	13.5670
A17	矩計図	1／30	C	1.4	―	18.9938	18.9938
A18	平面詳細図（1）	1／50	C	1.4	―	18.9938	18.9938
A19	平面詳細図（2）	1／50	C	1.4	―	18.9938	18.9938
A20	部分詳細図（1）	1／20	C	1.4	―	18.9938	18.9938
A21	部分詳細図（2）	1／20	C	1.4	―	18.9938	18.9938

番号	図面名称	縮尺	複雑度	複雑度に係る係数	CADデータの提供等により業務量低減が図られる場合の影響度	「CADデータの提供等により業務量低減が図られる場合の影響度」を反映した図面1枚毎の業務[人・時間]数	「CADデータの提供等により業務量低減が図られる場合の影響度」を1.0として算定した業務[人・時間]数
A22	部分詳細図（3）	1/10	C	1.4	—	18.9938	18.9938
A23	部分詳細図（4）	1/10	C	1.4	—	18.9938	18.9938
A24	展開図（1）	1/50	B	1.0	—	13.5670	13.5670
A25	展開図（2）	1/50	B	1.0	—	13.5670	13.5670
A26	1階天井伏図（改修前、改修後）	1/100	B	1.0	0.7	9.4969	13.5670
A27	2階天井伏図（改修前、改修後）	1/100	B	1.0	0.7	9.4969	13.5670
A28	3階天井伏図（改修前、改修後）	1/100	B	1.0	0.7	9.4969	13.5670
A29	建具表（1）	—	A	0.6	0.7	5.6981	8.1402
A30	建具表（2）	—	A	0.6	0.7	5.6981	8.1402
A31	各階伏図（1）	1/100	B	1.0	0.7	9.4969	13.5670
A32	各階伏図（2）	1/100	B	1.0	0.7	9.4969	13.5670
A33	各階伏図（3）	1/100	B	1.0	0.7	9.4969	13.5670
A34	軸組図（1）	1/100	B	1.0	0.7	9.4969	13.5670
A35	軸組図（2）	1/100	B	1.0	0.7	9.4969	13.5670
A36	軸組図（3）	1/100	B	1.0	0.7	9.4969	13.5670
A37	外構図（改修前、改修後）	1/200	B	1.0	0.7	9.4969	13.5670
A38	外構詳細図	1/50	C	1.4	—	18.9938	18.9938
A39	仮設計画図（1）	1/200	B	1.0	0.7	9.4969	13.5670
A40	仮設計画図（2）	1/100	B	1.0	0.7	9.4969	13.5670
A41	仮設計画図（3）	1/100	B	1.0	0.7	9.4969	13.5670
A42	仮設計画図（4）	1/100	B	1.0	0.7	9.4969	13.5670
A43	仮設計画図（5）	1/100	B	1.0	0.7	9.4969	13.5670
小計						458.2932	577.9542

表2　設備改修設計業務の図面目録

番号	図面名称	縮尺	複雑度	複雑度に係る係数	ＣＡＤデータの提供等により業務量低減が図られる場合の影響度	「ＣＡＤデータの提供等により業務量低減が図られる場合の影響度」を反映した図面1枚毎の業務の業務人・時間数	「ＣＡＤデータの提供等により業務量低減が図られる場合の影響度」を1.0として算定した業務人・時間数
E01	改修特記仕様書	—	A	0.6	0.7	4.2978	6.1398
E02	照明器具仕様書	—	A	0.6	0.7	4.2978	6.1398
E03	各階電灯配線図（改修前）	1/100	B	1.0	0.7	7.1631	10.2330
E04	各階電灯配線図（改修後）	1/100	B	1.0	0.7	7.1631	10.2330
E05	各階動力・構内交換設備配線図（改修前）	1/100	B	1.0	0.7	7.1631	10.2330
E06	各階動力・構内交換設備配線図（改修後）	1/100	B	1.0	0.7	7.1631	10.2330
E07	構内配電設備・受変電設備・系統図	1/100	B	1.0	0.7	7.1631	10.2330
E08	構内配電線路（改修後）	1/100	B	1.0	0.7	7.1631	10.2330
E09	受変電設備配線図	1/50	C	1.4	—	14.3262	14.3262
E10	受変電設備単線結線図	1/50	B	1.0	—	10.2330	10.2330
M01	改修特記仕様書	—	A	0.6	0.7	4.2978	6.1398
M02	空調換気設備平面図（1階）	1/100	B	1.0	0.7	7.1631	10.2330
M03	空調換気設備平面図（2階）	1/100	B	1.0	0.7	7.1631	10.2330
M04	空調換気設備平面図（3階）	1/100	B	1.0	0.7	7.1631	10.2330
M05	給排水設備平面図（1階）	1/100	B	1.0	0.7	7.1631	10.2330
M06	給排水設備平面図（2階）	1/100	B	1.0	0.7	7.1631	10.2330
M07	給排水設備平面図（3階）	1/100	B	1.0	0.7	7.1631	10.2330
	小計					123.4099	165.7746

（イ）　一般業務に係る業務人・時間数

「積算要領」第2章3．2に基づき、表1及び表2の「CADデータの提供等により業務量低減が図られる場合の影響度」を反映した図面1枚毎の業務人・時間数の合計は以下となる。

$$（一般業務に係る業務人・時間数）＝458.2932［人・時間］$$
$$＋123.4099［人・時間］$$
$$＝581.7032［人・時間］$$

（2）　追加業務に係る業務人・時間数

「積算要領」第2章3．3に基づき、業務内容の実情に応じて算定する。

積算業務

積算業務に係る業務人・時間数は、表1及び表2の「CADデータの提供等により業務量低減が図られる場合の影響度」を1.0として算定した業務人・時間数の合計は以下となる。

$$（積算業務に係る業務人・時間数）＝（実施設計に係る業務人・時間数）×0.21$$
$$＝（577.9542［人・時間］$$
$$＋165.7746［人・時間］）×0.21$$
$$＝156.1830［人・時間］$$

（3）　業務人・時間数

「積算要領」第2章1．に基づき、次式により算定する。

$$（業務人・時間数）＝（一般業務に係る業務人・時間数）$$
$$＋（追加業務に係る業務人・時間数）$$
$$＝581.7032［人・時間］＋156.1830［人・時間］$$
$$＝737.8862［人・時間］$$

4．設計業務委託料を構成する費用の算定

（1）　直接人件費

直接人件費単価は「積算要領」第1章2．2に基づき、設計業務委託料算定条件6．に示す「令和6年度　設計業務委託等技術者単価」を使用して算定した。

なお、技術者単価は基準日額となっているため「業務人・時間数」を「業務人・日数」に置き換える。

$$（業務人・日数）＝（業務人・時間数）／8時間$$
$$＝737.8862［人・時間］／8時間$$
$$＝92［人・日］（小数点以下第1位を切り捨て）$$

（直接人件費）　＝ Σ ｛（業務人・日数）×（直接人件費単価）｝

　　　　　　　 ＝ ９２［人・日］×３８，４００円

　　　　　　　 ＝ ３，５３２，８００円

（２）　諸経費（積算要領第１章２.４に基づき、諸経費率は１.１）

　　　（諸経費）＝（直接人件費）×（諸経費率）

　　　　　　　 ＝ ３，５３２，８００円×１.１

　　　　　　　 ＝ ３，８８６，０８０円

（３）　技術料等経費（積算要領第１章２.５に基づき、技術料等経費率は０.１５）

　　　（技術料等経費）＝｛（直接人件費）＋（諸経費）｝×（技術料等経費率）

　　　　　　　　　　 ＝（３，５３２，８００円＋３，８８６，０８０円）×０.１５

　　　　　　　　　　 ＝ １，１１２，８３２円

（４）　特別経費

　　　ＰＵＢＤＩＳ（公共建築設計者情報システム）業務カルテ情報登録料金として、７，８１０円
　　（税抜き価格）とする。

（５）　消費税等相当額

　　　（消費税等相当額）＝｛（直接人件費）＋（諸経費）＋（技術料等経費）＋（特別経費）｝

　　　　　　　　　　　 ×（消費税等率）

　　　　　　　　　　 ＝｛業務価格｝×（消費税等率）

　　　　　　　　　　 ＝｛３，５３２，８００円＋３，８８６，０８０円

　　　　　　　　　　　 ＋１，１１２，８３２円＋７，８１０円｝×０.１

　　　　　　　　　　 ＝ ８，５３９，５５２円×０.１

　　　　　　　　　　 ＝ ８５３，９５２円

設計業務委託料の積算

　　　（設計業務委託料）＝｛（直接人件費）＋（諸経費）＋（技術料等経費）＋（特別経費）｝

　　　　　　　　　　　 ＋（消費税等相当額）

　　　　　　　　　　 ＝｛業務価格｝＋（消費税等相当額）

　　　　　　　　　　 ＝ ８，５３９，５２２円＋８５３，９５２円

　　　　　　　　　　 ＝**９，３９３，４７４円**

（参考）設計業務に関する算定方法2（図面目録に基づく算定方法）

算定事例2 では、建築物の建築・設備改修設計業務の算定例を示したが、空気調和設備の全面改修設計なども想定されることから、1. 設計条件の部分について参考までに掲載する。

1. 設計条件

建築物の設備改修設計業務で、一般業務の内容を基本設計の成果に相当する図面等に基づき図面目録を作成して行う実施設計業務とし、改修設計条件は以下による。

（1）施設の条件

  （ア）建築物の用途等　　　庁舎（第四号、第2類）

  （イ）構造・階数　　　　　RC−5−1

  （ウ）床面積の合計　　　　5,000m²

  （エ）改修設計内容

    （a）空気調和設備の全面改修設計

    （b）空気調和設備に伴う電気設備改修設計

    （c）空気調和設備に伴う建築改修設計（内装改修）

  （オ）総工事費の想定　　　140,000千円

                （建築：4,000千円　設備：136,000千円）

                （いずれも、消費税等相当額は含まないものとする。）

（2）設計業務の内容及び範囲

  （ア）一般業務の範囲

    上記（1）（エ）改修設計内容に関する実施設計業務

  （イ）追加業務の範囲

    積算業務（積算数量算出書の作成、単価作成資料の作成、見積徴集、見積検討資料の作成）

（3）業務人・時間数の算定に係る条件

  （ア）改修設計図面目録　　表3　設備改修設計の図面目録による

  （イ）図面1枚毎の複雑度　「積算要領」第2章3.2（3）（ロ）に基づき、「積算要領」別表2-1より設定する

  （ウ）CADデータの提供等により業務量低減が図られる場合の影響度

                「積算要領」第2章3.2（3）（ハ）に基づき、「参考資料2」3.2（3）より設定する

表3　設備改修設計業務の図面目録

番号	図面名称	縮　尺	複雑度	CADデータの提供等により業務量低減が図られる場合の影響度
M００	表紙、図面目録	―	―	―
M０１	特記仕様書	―	A	0.7
M０２	案内・配置図・立面図	―	A	0.7
M０３	撤去新設　機器表	―	B	―
M０４	撤去新設　空気ダクト系統図	―	B	―
M０５	撤去新設　空気配管系統図	―	B	―
M０６	改設　1階　空調ダクト平面図	1／100	B	―
M０７	改設　2階　空調ダクト平面図	1／100	B	―
M０８	改設　3階　空調ダクト平面図	1／100	B	―
M０９	改設　1階　空調配管平面図	1／100	B	―
M１０	改設　2階　空調配管平面図	1／100	B	―
M１１	改設　3階　空調配管平面図	1／100	B	―
M１２	改設　R階　空調配管平面図	1／100	B	―
M１３	改設　機械室　空調設備詳細図	1／50	C	―
M１４	改設　各階機械室　空調設備詳細図	1／50	C	―
M１５	改設　自動制御計装図	―	B	―
M１６	改設　自動制御機器表	―	B	―
M１７	改設　各階　自動制御平面図	1／100	B	―
M１８	撤去　1階　空調ダクト平面図	1／100	A	0.7
M１９	撤去　2階　空調ダクト平面図	1／100	A	0.7
M２０	撤去　3階　空調ダクト平面図	1／100	A	0.7
M２１	撤去　1階　空調配管平面図	1／100	A	0.7
M２２	撤去　2階　空調配管平面図	1／100	A	0.7
M２３	撤去　3階　空調配管平面図	1／100	A	0.7
M２４	撤去　R階　空調配管平面図	1／100	A	0.7
M２５	撤去　各階　自動制御平面図	1／100	B	0.7
M２６	仮設　1階平面図	1／100	A	―
M２７	仮設　2階平面図	1／100	A	―
M２８	仮設　3階平面図	1／100	A	―
E０１	特記仕様書	―	A	0.7
E０２	改修前後　電灯・動力設備系統図	―	B	―
E０３	改修前　各階電灯設備配線図	1／100	B	―
E０４	改修後　各階電灯設備配線図	1／100	B	0.7
E０５	改修前　各階動力設備配線図	1／100	B	―
E０６	改修後　各階動力設備配線図	1／100	.B	0.7

番号	図面名称	縮　尺	複雑度	CADデータの提供等により業務量低減が図られる場合の影響度
E07	制御盤単線結線図	—	B	—
E08	改設　受変電設備単線結線図	—	C	0.7
A01	改修仕様書（1）	—	A	0.7
A02	改修仕様書（2）	—	A	0.7
A03	仕上げ表	—	A	0.7
A04	各階階平面図	1／100	B	0.7
A05	立面図・断面図	1／100	B	0.7
A06	各階機械室詳細図	1／　50	C	—
A07	各階天井伏図	1／100	B	0.7

注）　図面1枚毎の複雑度及び「CADデータの提供等により業務量低減が図られる場合の影響度」は、「参考資料2」3.2（3）を基に記載しているが、各工事における業務内容を勘案して適切に設定する必要がある。

耐震改修設計業務に関する算定方法（床面積に基づく算定方法）

1．設計条件

　建築物の耐震改修設計業務を、耐震診断業務を行った建築士事務所等に委託するものとし、設計条件は以下による。

（1）　施設の条件
　（ア）　建築物の用途等　　庁舎（第四号、第2類）
　（イ）　構造・階数　　　　ＲＣ－5－1
　（ウ）　床面積の合計　　　5,000ｍ²

（2）　設計業務の内容及び範囲
　（ア）　一般業務の範囲
　　　構造耐力上主要な部分の耐震改修の構造に係る基本設計及び実施設計に関する業務（設計意図伝達業務は含まない。）
　（イ）　追加業務の範囲
　　　積算業務（積算数量算出書の作成、単価作成資料の作成、見積収集、見積検討資料の作成）

2．業務人・時間数の算定

　「積算要領」第2章4．に基づき、以下のとおり算定する。

（1）　一般業務に係る業務人・時間数
　　　耐震改修設計の一般業務の業務人・時間数は、構造に係る基本設計及び実施設計のみを対象とし、かつ、「建築確認申請図書の作成」を除いたものとして、「積算要領」別表1-2に基づき、次式により算定する。

$$A = a \times S^b$$

　　　A：業務人・時間数
　　　S：床面積の合計（ｍ²）
　　　a、b：「積算要領」別表1-2の係数

　構造：$A = 3.4765 \times 5,000^{0.6011} = 581.5580$［人・時間］

【注】　構造に係る基本設計及び実施設計以外の業務について

　　　本事例では、耐震改修設計の一般業務として、構造に係る基本設計及び実施設計のみを対象としているが、実際の耐震改修設計においては、関連する内外装の仕上

げ改修設計や電気設備改修及び機械設備改修設計についても実施することが想定されるため、別途条件を設定して算定する必要がある。

（2）　追加業務に係る業務人・時間数

（ア）「積算要領」第2章4.3により、「積算要領」第2章3.3に準じ、業務内容の実情に応じて算定する。

（イ）「積算要領」第2章4.2の方法で算定される業務人・時間数には、基本設計及び実施設計に係る業務人・時間数が含まれるので、「積算要領」第2章3.3の算定方法により積算業務に係る業務人・時間数を算定する場合は、業務の実情に応じて実施設計のみに係る業務人・時間数を算出のうえ算定する必要がある。

（ウ）　本事例では、積算業務に係る業務人・時間数については、50［人・時間］と想定した。

（3）　業務人・時間数

「積算要領」第2章1.に基づき次式により算定する。

$$（業務人・時間数）＝（一般業務に係る業務人・時間数）$$
$$＋（追加業務に係る業務人・時間数）$$
$$＝581.5580［人・時間］＋50［人・時間］$$
$$＝631.5580［人・時間］$$

3．耐震改修設計業務委託料を構成する費用の算定

（1）　直接人件費

直接人件費単価は「積算要領」第1章2.2に基づき、設計業務委託料算定条件6.に示す「令和6年度　設計業務委託等技術者単価」を使用して算定した。

なお、技術者単価は基準日額となっているため、「業務人・時間数」を「業務人・日数」に置き換える。

$$（業務人・日数）＝（業務人・時間数）／8時間$$
$$＝631.5580［人・時間］／8時間$$
$$＝78［人・日］（小数点以下切り捨て）$$

$$（直接人件費）＝Σ\{（業務人・日数）×（直接人件費単価）\}$$
$$＝78［人・日］×38,400円$$
$$＝2,995,200円$$

（2）　諸経費（「積算要領」第1章2.4に基づき、諸経費率は1.0）

$$（諸経費）＝（直接人件費）×（諸経費率）$$
$$＝2,995,200円×1.0$$
$$＝2,995,200円$$

（３）　技術料等経費（「積算要領」第1章2.5に基づき、技術料等経費率は0.2）

$$（技術料等経費）=\{（直接人件費）+（諸経費）\}×（技術料等経費率）$$
$$=\{2,995,200円+2,995,200円\}×0.2$$
$$=1,198,080円$$

（４）　特別経費

PUBDIS（公共建築設計者情報システム）業務カルテ情報登録料金として、7,810円（税抜き価格）とする。

（５）　消費税等相当額

$$（消費税等相当額）=\{（直接人件費）+（諸経費）+（技術料等経費）+（特別経費）\}$$
$$×（消費税等率）$$
$$=\{業務価格\}×（消費税等率）$$
$$=\{2,995,200円+2,995,200円$$
$$+1,198,080円+7,810円\}×0.1$$
$$=7,196,290円×0.1$$
$$=719,629円$$

耐震改修設計業務委託料の積算

$$（耐震改修設計業務委託料）=\{（直接人件費）+（諸経費）+（技術料等経費）+（特別経費）\}$$
$$+（消費税等相当額）$$
$$=\{業務価格\}+（消費税等相当額）$$
$$=7,196,290円+719,629円$$
$$=\underline{\mathbf{7,915,919円}}$$

設計意図伝達業務に関する算定方法
（契約図書等に定められた業務内容に基づく算定方法）

1．業務条件

算定事例1-1 における建築物の新築工事の設計業務のうち設計意図伝達業務とする。また、分担業務分野は、総合、構造、設備とし、業務条件は以下による。

（1）施設の条件

（ア）建築物の用途等　　庁舎（第四号、第2類）

（イ）構造、階数　　　　SRC-8-1

（ウ）床面積の合計　　　15,000m²

（エ）その他の条件　　（a）特殊な敷地上の建築物

・著しい高低差がある敷地で、支持地盤の傾斜や不陸により基礎構造が複雑である。

・既存インフラの切回しや盛替え等が生じるなど複雑なインフラ検討を要する。

（b）特別な性能を有する設備が設けられる建築物

・被災時のインフラ途絶等の際に電源や給排水等の機能維持性能を高める設備を有する。

（2）業務の内容及び範囲

本業務は、設計業務の受注者に委託するもので、業務内容は設計業務の終了前に設計業務の受託者と協議して次の内容を設定する。

（ア）一般業務の範囲

（a）設計意図を正確に伝えるための質疑応答、説明等

① 工事監理者や発注者と工事請負契約を締結したもの又は工事請負契約書の規定に定められた現場代理人（以下「工事受注者等」という。）から提出される質疑に対する検討及び検討結果の報告を行う。

② 施工図等を作成するために必要となる説明図及びデザイン詳細図の作成並びに工事受注者等への説明を行う。

（b）工事材料、設備機器等の選定に関する設計意図の観点からの検討、助言等

① 設計意図の伝達に係る建具、カーテンウォールの納まりの施工図を確認する。

② 設計意図の伝達に係る玄関廻りの納まりの施工図を確認する。

③ 工事材料等の選定に関して、設計意図の観点からの検討を行い、必要な助言等を行う。

④ 設備機器等の選定に関して、設計意図の観点からの検討を行い、必要な助言等を行う。

⑤ 仕上げ材料の色彩、柄等に係る色彩等計画書を作成する。

（イ） 追加業務の範囲

工事受注者等がとりまとめる公共建築工事標準仕様書（令和4年版）に示す「建築物等の利用に関する説明書」の作成を行う。

2．業務人・時間数の算定

それぞれの業務について、表1により、業務人・時間数を積み上げて算出する。

表1　設計意図伝達に関する業務人・時間数

業務内容	業務人・時間数			
	総 合	構 造	設 備	合 計
（ア） 一般業務	2,380	1,750	1,750	5,880
（a） 設計意図を正確に伝えるための質疑応答、説明等	1,280	1,150	1,150	3,580
① 工事監理者又は工事受注者等から提出される質疑に対する検討及び検討結果の報告を行う。	500	650	600	1,750
② 施工図等を作成するために必要となる説明図及びデザイン詳細図の作成並びに工事監理者又は工事受注者等への説明を行う。	780	500	550	1,830
（b） 工事材料、設備機器等の選定に関する設計意図の観点からの検討、助言等	1,100	600	600	2,300
① 設計意図の伝達に係る建具、カーテンウォールの納まりの施工図を確認する。	200	200	—	400
② 設計意図の伝達に係る玄関廻りの納まりの施工図を確認する。	200	200	—	400
③ 工事材料等の選定に関して、設計意図の観点からの検討を行い、必要な助言等を行う。	200	200	—	400
④ 設備機器等の選定に関して、設計意図の観点からの検討を行い、必要な助言等を行う。	—	—	600	600
⑤ 仕上げ材料の色彩、柄等に係る色彩等計画書を作成する。	500	—	—	500
（イ） 追加業務	40	20	60	120
「建築物等の利用に関する説明書」の作成を行う。	40	20	60	120
合　計	2,420	1,770	1,810	6,000

3．設計意図伝達業務委託料を構成する費用の算定

（1）　直接人件費

　　　直接人件費単価は「積算要領」第1章2．2に基づき、設計業務委託料算定条件6．に示す「令和6年度　設計業務委託等技術者単価」を使用して算定した。

　　　なお、技術者単価は基準日額となっているため、「業務人・時間数」を「業務人・日数」に置き換える。

　　　　（業務人・日数）＝（業務人・時間数）／8時間
　　　　　　　　　　　　　＝6,000［人・時間］／8時間
　　　　　　　　　　　　　＝750［人・日］

　　　　（直接人件費）　＝Σ{（業務人・日数）×（直接人件費単価）}
　　　　　　　　　　　　＝750［人・日］×38,400円
　　　　　　　　　　　　＝28,800,000円

（2）　諸経費（「積算要領」第1章2．4に基づき、諸経費率は1．1）

　　　　（諸経費）＝（直接人件費）×（諸経費率）
　　　　　　　　　＝28,800,000円×1．1
　　　　　　　　　＝31,680,000円

（3）　技術料等経費（「積算要領」第1章2．5に基づき、技術料等経費率は0．15）

　　　　（技術料等経費）＝{（直接人件費）＋（諸経費）}×（技術料等経費率）
　　　　　　　　　　　　＝（28,800,000円＋31,680,000円）×0．15
　　　　　　　　　　　　＝9,072,000円

（4）　特別経費

　　　PUBDIS（公共建築設計者情報システム）業務カルテ情報登録料金として、8,600円（税抜き価格）とする。

（5）　消費税等相当額

　　　　（消費税等相当額）＝{（直接人件費）＋（諸経費）＋（技術料等経費）＋（特別経費）}
　　　　　　　　　　　　　　×（消費税等率）
　　　　　　　　　　　　＝{業務価格}×（消費税等率）
　　　　　　　　　　　　＝{28,800,000円＋31,680,000円
　　　　　　　　　　　　　　＋9,072,000円＋8,600円}×0．1
　　　　　　　　　　　　＝69,560,600円×0．1
　　　　　　　　　　　　＝6,956,060円

設計意図伝達業務委託料の積算

(設計意図伝達業務委託料) ＝{(直接人件費)＋(諸経費)＋(技術料等経費)＋(特別経費)}
＋(消費税等相当額)

＝{業務価格}＋(消費税等相当額)

＝６９，５６０，６００円＋６，９５６，０６０円

＝**７６，５１６，６６０**円

設計意図伝達業務に関する算定方法（床面積に基づく算定方法、単一用途）

1．業務条件

算定事例1-1 における建築物の新築工事の設計業務のうち設計意図伝達業務とする。また、分担業務分野は、総合、構造、設備とし、業務条件は以下による。

（1） 施設の条件
  （ア） 建築物の用途等　　庁舎（第四号、第2類）
  （イ） 構造・階数　　　　ＳＲＣ－８－１
  （ウ） 床面積の合計　　　１５，０００ｍ²
  （エ） その他の条件　　（ａ）　特殊な敷地上の建築物
    ・著しい高低差がある敷地で、支持地盤の傾斜や不陸により基礎構造が複雑である
    ・既存インフラの切回しや盛替え等が生じるなど複雑なインフラ検討を要する。）
  （ｂ）　特別な性能を有する設備が設けられる建築物
    ・被災時のインフラ途絶等の際に電源や給排水等の機能維持性能を高める設備を有する）

（2） 業務の内容及び範囲

　　本業務は、設計業務の受注者に委託するもので、業務内容は設計業務の終了前に設計業務の受託者と協議して次の内容を設定する。

（ア） 一般業務の範囲
  （ａ）　設計意図を正確に伝えるための質疑応答、説明等
    ①　工事監理者や発注者と工事請負契約を締結したもの又は工事請負契約書の規定に定められた現場代理人（以下「工事受注者等」という。）から提出される質疑に対する検討及び検討結果の報告を行う。
    ②　施工図等を作成するために必要となる説明図及びデザイン詳細図の作成並びに工事受注者等への説明を行う。

  （ｂ）　工事材料、設備機器等の選定に関する設計意図の観点からの検討、助言等
    ①　設計意図の伝達に係る建具、カーテンウォールの納まりの施工図を確認する。
    ②　設計意図の伝達に係る玄関廻りの納まりの施工図を確認する。
    ③　工事材料等の選定に関して、設計意図の観点からの検討を行い、必要な助言等を行う。

④ 設備機器等の選定に関して、設計意図の観点からの検討を行い、必要な助言等を行う。

⑤ 仕上げ材料の色彩、柄等に係る色彩等計画書を作成する。

（イ） 追加業務の範囲

工事受注者等がとりまとめる公共建築工事標準仕様書（令和4年版）に示す「建築物等の利用に関する説明書」の作成を行う。

２．業務人・時間数の算定

「積算要領」第2章5.に基づき、以下のとおり算定する。

（1） 一般業務に係る業務人・時間数

（ア） 一般業務のすべてを委託する場合の一般業務に係る業務人・時間数

「積算要領」第2章5.2（2）に基づき、次式により算定する。

$A = a \times S^b$

A：業務人・時間数

S：床面積の合計（m²）

a、b：「積算要領」別表1-1　第四号第2類［300m² ≦ S ＜ 20,000m²］の係数

総合：$A_1 = 4.2525 \times 15,000^{0.8833} = 20,767.5723$ ［人・時間］

構造：$A_2 = 2.7775 \times 15,000^{0.7672} = 4,441.7210$ ［人・時間］

設備：$A_3 = 0.3436 \times 15,000^{1.0615} = 9,310.5219$ ［人・時間］

（イ） 設計意図の伝達に関する業務細分率の合計は、「積算要領」別表2-2より以下となる。

総合：（0.10 + 0.06）= 0.16

構造：（0.09 + 0.06）= 0.15

設備：（0.09 + 0.06）= 0.15

（ウ） 設計意図伝達業務の一般業務に係る業務人・時間数

総合：$A_{1*} = A_1 \times 0.16 = 3,322.8115$ ［人・時間］

構造：$A_{2*} = A_2 \times 0.15 = 666.2581$ ［人・時間］

設備：$A_{3*} = A_3 \times 0.15 = 1,396.5782$ ［人・時間］

$A_{1*} + A_{2*} + A_{3*} = 5,385.6480$ ［人・時間］

（エ） 難易度係数による補正

「積算要領」第2章2.2（3）に基づき、告示8号別添三第3項から第5項の各表の（い）欄に該当する建築物の場合は、（ろ）欄の係数をそれぞれの業務分野の業務人・時間数に乗じて補正する。

（a） 総合に係る難易度係数による業務人・時間数の補正

（告示8号別添三　3　（い）欄　特殊な敷地　（ろ）欄　補正無し）

$$A_{1**} = A_{1*} = 3,322.8115 \ [人・時間]$$

（b） 構造に係る難易度係数による業務人・時間数の補正

（告示8号別添三　4　（い）欄　特殊な敷地　（ろ）欄　1.13）

$$A_{2**} = A_{2*} \times 1.13 = 752.8717 \ [人・時間]$$

（c） 設備に係る難易度係数による業務人・時間数の補正

（告示8号別添三　5　（い）欄　特殊な敷地　（ろ）欄　1.09、

（い）欄　特別な性能　（ろ）欄　1.21）

$$A_{3**} = A_{3*} \times 1.09 \times 1.21 = 1,841.9471 \ [人・時間]$$

一般業務に係る業務人・時間数

$$A_{1**} + A_{2**} + A_{3**} = 5,917.6303 \ [人・時間]$$

（2） 追加業務に係る業務人・時間数

「建築物の利用に関する説明書」の作成　　120［人・時間］

（3） 業務人・時間数

業務人・時間数は、「積算要領」第2章1．に基づき、次式により算定する。

（業務人・時間数）＝（一般業務に係る業務人・時間数）

＋（追加業務に係る業務人・時間数）

＝5,917.6303［人・時間］＋120［人・時間］

＝6,037.6303［人・時間］

3．設計意図伝達業務委託料を構成する費用の算定

（1） 直接人件費

直接人件費単価は「積算要領」第1章2．2に基づき、設計業務委託料算定条件6．に示す「令和6年度　設計業務委託等技術者単価」を使用して算定した。

なお、技術者単価は基準日額なっているため、「業務人・時間数」を「業務人・日数」に置き換える。

（業務人・日数）＝（業務人・時間数）／8時間

＝6,037.6303［人・時間］／8時間

＝754［人・日］（小数点以下切り捨て）

（直接人件費）　＝Σ｛(業務人・日数)×(直接人件費単価)｝
　　　　　　　　＝７５４［人・日］×３８,４００円
　　　　　　　　＝２８,９５３,６００円

（２）　諸経費（「積算要領」第1章2.4に基づき、諸経費率は1.1）

　　　（諸経費）＝(直接人件費)×(諸経費率)
　　　　　　　　＝２８,９５３,６００円×1.1
　　　　　　　　＝３１,８４８,９６０円

（３）　技術料等経費（「積算要領」第1章2.5に基づき、技術料等経費率は0.15）

　　　（技術料等経費）＝｛(直接人件費)＋(諸経費)｝×(技術料等経費率)
　　　　　　　　　　　＝(２８,９５３,６００円＋３１,８４８,９６０円)×0.15
　　　　　　　　　　　＝９,１２０,３８４円

（４）　特別経費
　　　ＰＵＢＤＩＳ(公共建築設計者情報システム)業務カルテ情報登録料金として、８,６００円
　　　(税抜き価格)とする。

（５）　消費税等相当額

　　　（消費税等相当額）＝｛(直接人件費)＋(諸経費)＋(技術料等経費)＋(特別経費)｝
　　　　　　　　　　　　＋(消費税等相当額)
　　　　　　　　　　　＝｛業務価格｝×(消費税等相当額)
　　　　　　　　　　　＝｛２８,９５３,６００円＋３１,８４８,９６０円
　　　　　　　　　　　　＋９,１２０,３８４円＋８,６００円｝×0.1
　　　　　　　　　　　＝６９,９３１,５４４円×0.1
　　　　　　　　　　　＝６,９９３,１５４円

設計意図伝達業務委託料の積算
　　　（設計意図伝達業務委託料）＝｛(直接人件費)＋(諸経費)＋(技術料等経費)＋(特別経費)｝
　　　　　　　　　　　　　　　　＋(消費税等相当額)
　　　　　　　　　　　　　　　＝｛業務価格｝＋(消費税等相当額)
　　　　　　　　　　　　　　　＝６９,９３１,５４４円＋６,９９３,１５４円
　　　　　　　　　　　　　　　＝**７６,９２４,６９８円**

工事監理業務に関する算定方法（床面積に基づく算定方法、単一用途）

1．業務条件

算定事例1-1 における単一用途の建築物の新築工事の工事監理業務とする。また、分担業務分野は、総合、構造、設備とし、業務条件は以下による。

（1） 施設の条件
- （ア） 建築物の用途等 　　庁舎（第四号、第2類）
- （イ） 構造・階数 　　SRC-8-1
- （ウ） 床面積の合計 　　15,000m²
- （エ） その他の条件 　（a） 特殊な敷地上の建築物
  - ・著しい高低差がある敷地で、支持地盤の傾斜や不陸により基礎構造が複雑である。
  - ・既存インフラの切回しや盛替え等が生じるなど複雑なインフラ検討を要する。
  - （b） 特別な性能を有する設備が設けられる建築物
  - ・被災時のインフラ途絶等の際に電源や給排水等の機能維持性能を高める設備を有する。

（2） 業務の内容及び範囲
- （ア） 一般業務の範囲

    工事監理業務に関する業務のうち「積算要領」別表2-3に掲げる業務（「積算要領」第3章2．2に記す（1）、（2）の業務は含まない。）
- （イ） 追加業務の範囲
  - （a） 完成図の確認
  - （b） 建築物等の利用に関する説明書の確認

2．業務人・時間数の算定

「積算要領」第2章6．に基づき以下のとおり算定する。

（1） 一般業務をすべて委託する場合の一般業務に係る業務人・時間数

　　「積算要領」第2章6．2（1）（イ）に基づき、次式により算定する。

$$A = a \times S^b$$

- A：業務人・時間数
- S：床面積の合計（m²）
- a、b：「積算要領」別表1-1　第四号、第2類 [300m² ≦ S ＜ 20,000m²] による係数

総合：$A_1 = 6.9500 \times 15,000^{0.6929} = 5,439.9942$ ［人・時間］

構造：$A_2 = 1.4312 \times 15,000^{0.6875} = 1,063.5626$ ［人・時間］

設備：$A_3 = 0.4045 \times 15,000^{0.8741} = 1,808.1726$ ［人・時間］

一般業務のすべてを委託する場合の一般業務に係る業務人・時間数

$A_1 + A_2 + A_3 = 8,311.7294$ ［人・時間］

（2）　一般業務の一部を委託しない場合の一般業務に係る業務人・時間数

「積算要領」第2章6．2（2）に基づき、次式により算定する。

（一般業務の一部を委託しない場合の一般業務に係る業務人・時間数）

＝（一般業務をすべて委託する場合の一般業務に係る業務人・時間数）

×（1－（対象外業務率））

（ア）　対象外業務となる工事監理業務の業務細分率は、「積算要領」別表2-4の合計となることから、次のとおりになる。

対象外業務率の合計＝0.09

（イ）　一般業務の一部を委託しない場合の一般業務に係る業務人・時間数

総合：$A_{1*} = A_1 \times (1 - 0.09) = 4,950.3947$ ［人・時間］

構造：$A_{2*} = A_2 \times (1 - 0.09) = 967.8419$ ［人・時間］

設備：$A_{3*} = A_3 \times (1 - 0.09) = 1,645.4371$ ［人・時間］

$A_{1*} + A_{2*} + A_{3*} = 7,563.6738$ ［人・時間］

（2）　難易度係数による補正

「積算要領」第2章6．2（2）に基づき、告示8号別添三第3項から第5項各表の（い）欄に該当する建築物の場合は、（は）欄の係数をそれぞれ該当する業務分野の業務人・時間数に乗じて補正する。

（ア）　総合に係る難易度係数による業務人・時間数の補正

（告示8号別添三　3　（い）欄　特殊な敷地　（は）欄　1.30）

$A_{1**} = A_{1*} \times 1.30 = 6,435.5131$ ［人・時間］

（イ）　構造に係る難易度係数による業務人・時間数の補正

（告示8号別添三　4　（い）欄　特殊な敷地　（は）欄　1.25）

$A_{2**} = A_{2*} \times 1.25 = 1,209.8024$ ［人・時間］

（ウ） 設備に係る難易度係数による業務人・時間数の補正

（告示8号別添三　5　(い)欄　特殊な敷地　（は)欄　1.35、

　　　　　　　　　　　(い)欄　特別な性能　（は)欄　1.08）

$$A_{3**} = A_{3*} \times 1.35 \times 1.08 = 2,399.0473 \,[人・時間]$$

一般業務に係る業務人・時間数

$$A_{1**} + A_{2**} + A_{3**} = 10,044.3629 \,[人・時間]$$

（3）　追加業務に係る業務人・時間数

「積算要領」第2章6.4に基づき、業務内容の実情に応じて算定する。

（a）　完成図の確認

完成図の確認に係る業務人・時間数は次式により算定する。

なお、工事監理業務に係る業務人・時間数は難易度係数による補正は行わない。

$$（業務人・時間数）=（工事監理業務に係る業務人・時間数）\times 0.02$$
$$= 7,563.6738 \,[人・時間] \times 0.02$$
$$= 151.2734 \,[人・時間]$$

（b）　建築物等の利用に関する説明書の確認　　80 [人・時間]

追加業務に係る業務人・時間数

$$151.2734 \,[人・時間] + 80 \,[人・時間] = 231.2734 \,[人・時間]$$

（4）　業務人・時間数

「積算要領」第2章1.に基づき、次式により算定する。

$$（業務人・時間数）=（一般業務に係る業務人・時間数）$$
$$+（追加業務に係る業務人・時間数）$$
$$= 10,044.3629 \,[人・時間] + 231.2734 \,[人・時間]$$
$$= 10,275.6363 \,[人・時間]$$

3．工事監理業務委託料を構成する費用の算定

（1）　直接人件費

　　　　直接人件費単価は「積算要領」第1章2．2に基づき、設計業務委託料算定条件6．に示す「令和6年度　設計業務委託等技術者単価」を使用して算定した。

　　　　なお、技術者単価は基準日額となっているため、「業務人・時間数」を「業務人・日数」に置き換える。

$$（業務人・日数）＝（業務人・時間数）／8時間$$
$$＝10,275.6363［人・時間］／8時間$$
$$＝1,284［人・日］（小数点以下第1位を切り捨て）$$

$$（直接人件費）＝Σ｛（業務人・日数）×（直接人件費単価）｝$$
$$＝1,284［人・日］×38,400円$$
$$＝49,305,600円$$

（2）　諸経費（「積算要領」第1章2．4に基づき、諸経費率は1．1）

$$（諸経費）＝（直接人件費）×（諸経費率）$$
$$＝49,305,600円×1.1$$
$$＝54,236,160円$$

（3）　技術料等経費（「積算要領」第1章2．5に基づき、技術料等経費率は0．15）

$$（技術料等経費）＝｛（直接人件費）＋（諸経費）｝×（技術料等経費率）$$
$$＝｛49,305,600円＋54,236,160円｝×0.15$$
$$＝15,531,264円$$

（4）　特別経費

　　　　PUBDIS（公共建築設計者情報システム）業務カルテ情報登録料金として、8,600円（税抜き価格）とする。

（5）　消費税等相当額

$$（消費税等相当額）＝｛（直接人件費）＋（諸経費）＋（技術料等経費）＋（特別経費）｝$$
$$×（消費税等率）$$
$$＝｛業務価格｝×（消費税等率）$$
$$＝｛49,305,600円＋54,236,160円$$
$$＋15,531,264円＋8,600円｝×0.1$$
$$＝119,081,624円×0.1$$
$$＝11,908,162円$$

工事監理業務委託料の積算

(工事監理業務委託料) = {(直接人件費) + (諸経費) + (技術料等経費) + (特別経費)}
$\qquad$ + (消費税等相当額)

$\qquad$ = {業務価格} + (消費税等相当額)

$\qquad$ = 119,081,624円 + 11,908,162円

$\qquad$ = **130,989,786**円

工事監理業務に関する算定方法（床面積に基づく算定方法、複合建築物１）
（構造的に区分できない場合）

1．業務条件

算定事例1-2 における複合建築物の新築工事の工事監理業務とする。また、分担業務分野は、総合、構造、設備とし、業務条件は以下による。

（1）　施設の条件

（ア）　建築物の用途等　　用途①　庁舎　　（第四号、第2類）

用途②　図書館（第十二号、第2類）

「複雑な構成ではなく、構造的には区分できない。また、床面積の合計で示すとおり、二つの用途それぞれの面積比としてそれほど隔たりがなく、主たる用途が明らかではない。かつ、一部施設が共用されており、独立運用できない。」

（イ）　構造・階数　　　　ＲＣ－５－１

（ウ）　床面積の合計　　　１０，０００ｍ²

（庁舎５，４００ｍ²、図書館３，６００ｍ²、共用部１，０００ｍ²）

用途①　庁舎　：６，０００ｍ²

用途②　図書館：４，０００ｍ²

共用部は、案分して庁舎と図書館に計上した。

（エ）　その他の条件　　　（ａ）　特殊な敷地上の建築物

・著しい高低差がある敷地で、支持地盤の傾斜や不陸により基礎構造が複雑である。

・既存インフラの切回しや盛替え等が生じるなど複雑なインフラ検討を要する。

（ｂ）　特別な性能を有する設備が設けられる建築物

・被災時のインフラ途絶等の際に電源や給排水等の機能維持性能を高める設備を有する。

（2）　工事監理業務の内容及び範囲

（ア）　一般業務の範囲

工事監理業務に関する業務のうち「積算要領」別表2-3に掲げる業務（「積算要領」第3章2．2に記す（1）、（2）の業務は含まない。）

（イ）　追加業務の範囲

（ａ）　完成図の確認

（ｂ）　建築物等の利用に関する説明書の確認

2．業務人・時間数の算定

業務人・時間数は、「積算要領」第2章6．に基づき以下のとおり算定する。

（1） 一般業務をすべて委託する場合の一般業務に係る業務人・時間数

「積算要領」第2章6．2（1）に基づき、用途①庁舎と用途②図書館の業務人・時間数をそれぞれ次式により算定する。

$$A = a \times S^b$$

　　A：業務人・時間数

　　S：床面積の合計（m²）

　　a、b：「積算要領」別表1-1の係数

（ア） 用途①　庁舎（「積算要領」別表1-1　第四号、第2類［300m²≦S＜20,000m²］による）

総合：$A_1 = 6.9500 \times 6,000^{0.6929} = 2,883.1404$［人・時間］

構造：$A_2 = 1.4312 \times 6,000^{0.6875} = 566.4731$［人・時間］

設備：$A_3 = 0.4045 \times 6,000^{0.8741} = 811.7093$［人・時間］

（イ） 用途②　図書館（「積算要領」別表1-1　第十二号、第2類［300m²≦S≦30,000 m²］による）

総合：$A_4 = 6.2133 \times 4,000^{0.7647} = 3,350.3486$［人・時間］

構造：$A_5 = 1.5683 \times 4,000^{0.7292} = 663.8214$［人・時間］

設備：$A_6 = 0.6125 \times 4,000^{0.9294} = 1,364.1453$［人・時間］

（2） 一般業務の一部を委託しない場合の一般業務に係る業務人・時間数

「積算要領」第2章6．2（2）に基づき、次式により算定する。

　（一般業務の一部委託しない場合の一般業務に係る業務人・時間数）

　＝（一般業務をすべて委託する場合の一般業務に係る業務人・時間数）

　　×（1－（対象外業務率））

（ア） 対象外業務となる工事監理業務の業務細分率は、「積算要領」別表2-4の合計となることから、次のとおりになる。

対象外業務率の合計＝0．09

（イ）　一般業務の一部を委託しない場合の一般業務に係る業務人・時間数
　（a）　用途①　庁舎

　　　　　総合：$A_{1*} = A_1 \times (1 - 0.09) = 2,623.6578$ ［人・時間］
　　　　　構造：$A_{2*} = A_2 \times (1 - 0.09) = 515.4905$ ［人・時間］
　　　　　設備：$A_{3*} = A_3 \times (1 - 0.09) = 738.6554$ ［人・時間］

　（b）　用途②　図書館

　　　　　総合：$A_{4*} = A_4 \times (1 - 0.09) = 3,212.6172$ ［人・時間］
　　　　　構造：$A_{5*} = A_5 \times (1 - 0.09) = 604.0775$ ［人・時間］
　　　　　設備：$A_{6*} = A_6 \times (1 - 0.09) = 1,241.3722$ ［人・時間］

（3）　難易度係数による補正
　　　「積算要領」第2章6.2（2）により、告示8号別添三第3項から第5項の各表の（い）欄に該当する建築物の場合は、（は）欄の係数をそれぞれの業務分野の業務人・時間数に乗じて補正する。

（ア）　用途①　庁舎
　（a）　総合に係る難易度係数による業務人・時間数の補正
　　　　（告示8号別添三　3　（い）欄　特殊な敷地　（は）欄　1.30）

　　　　　$A_{1**} = A_{1*} \times 1.30 = 3,410.7552$ ［人・時間］

　（b）　構造に係る難易度係数による業務人・時間数の補正
　　　　（告示8号別添三　4　（い）欄　特殊な敷地　（は）欄　1.25）

　　　　　$A_{2**} = A_{2*} \times 1.25 = 644.3631$ ［人・時間］

　（c）　設備に係る難易度係数による業務人・時間数の補正
　　　　（告示8号別添三　5　（い）欄　特殊な敷地　（は）欄　1.35、
　　　　　　　　　　　　　　　　（い）欄　特殊な性能　（は）欄　1.08）

　　　　　$A_{3**} = A_{3*} \times 1.35 \times 1.08 = 1,076.9596$ ［人・時間］

（イ）　用途②　図書館
　（a）　総合に係る難易度係数による業務人・時間数の補正
　　　　（告示8号別添三　3　（い）欄　特殊な敷地　（は）欄　1.30）

　　　　　$A_{4**} = A_{4*} \times 1.30 = 4,176.4024$ ［人・時間］

（b）　構造に係る難易度係数による業務人・時間数の補正

（告示8号別添三　4　(い)欄　特殊な敷地　(は)欄　1.25）

$$A_{5**} = A_{5*} \times 1.25 = 755.0969 \ [人・時間]$$

（c）　設備に係る難易度係数による業務人・時間数の補正

（告示8号別添三　5　(い)欄　特殊な敷地　(は)欄　1.35、

(い)欄　特殊な性能　(は)欄　1.08）

$$A_{6**} = A_{6*} \times 1.35 \times 1.08 = 1,809.9207 \ [人・時間]$$

（4）　複合建築物の一般業務に係る業務人・時間数

「積算要領」第2章6.2（3）に基づき、用途①庁舎と用途②図書館の業務人・時間数を合算し、複合化係数を乗じて算定する。

（ア）　複合化係数（「積算要領」別表1-4による）

総合：1.05
構造：0.89
設備：0.92

（イ）　複合化係数を乗じた一般業務に係る業務人・時間数

建築物複合建築物＝（用途①庁舎［人・時間］＋用途②図書館［人・時間］）×複合化係数

総合：$\{A_{1**} + A_{4**}\} \times 1.05 = 7,996.5155$［人・時間］
構造：$\{A_{2**} + A_{5**}\} \times 0.89 = 1,245.5194$［人・時間］
設備：$\{A_{3**} + A_{6**}\} \times 0.92 = 2,655.9300$［人・時間］

一般業務に係る業務人・時間数

総合＋構造＋設備＝11,867.9650［人・時間］

（5）　複合化建築物の算定方法の確認

設計業務等委託料算定条件3.（注意）書を検証する。

合算した業務人・時間数が、各用途を単一用途とした場合の業務人・時間数（本算定事例の場合は、床面積10,000m²の業務人・時間数）のうち小さい方の業務人・時間数よりも大きいことを確認する。

（ア）　庁舎（床面積１０,０００m²）（第四号、第２類）を単一用途とした場合

（ａ）　一般業務に係る業務人・時間数の算定

$$総合：X_1 = 6.9500 \times 10,000^{0.6929} = 4,107.5684 \text{［人・時間］}$$
$$構造：X_2 = 1.4312 \times 10,000^{0.6875} = 804.8229 \text{［人・時間］}$$
$$設備：X_3 = 0.4045 \times 10,000^{0.8741} = 1,268.5819 \text{［人・時間］}$$

（ｂ）　対象外業務を除いた一般業務に係る業務人・時間数

$$総合：X_{1*} = X_1 \times (1-0.09) = 3,737.8872 \text{［人・時間］}$$
$$構造：X_{2*} = X_2 \times (1-0.09) = 732.3888 \text{［人・時間］}$$
$$設備：A_{3*} = X_3 \times (1-0.09) = 1,154.4095 \text{［人・時間］}$$

（ｃ）　難易度係数による補正

$$総合：X_{1**} = X_{1*} \times 1.30 = 4,859.2534 \text{［人・時間］}$$
$$構造：X_{2**} = X_{2*} \times 1.25 = 915.4860 \text{［人・時間］}$$
$$設備：X_{3**} = X_{3*} \times 1.35 \times 1.08 = 1,683.1291 \text{［人・時間］}$$

庁舎を単一用途とした場合の一般業務に係る業務人・時間数

$$X_{1**} + X_{2**} + X_{3**} = 7,457.8686 \text{［人・時間］}$$

（イ）　図書館（床面積１０,０００m²）（第一二号、第２類）を単一用途とした場合

（ａ）　一般業務に係る業務人・時間数

$$総合：Y_4 = 6.2133 \times 10,000^{0.7647} = 7,114.1386 \text{［人・時間］}$$
$$構造：Y_5 = 1.5683 \times 10,000^{0.7292} = 1,294.8788 \text{［人・時間］}$$
$$設備：Y_6 = 0.6125 \times 10,000^{0.9294} = 3,196.7310 \text{［人・時間］}$$

（ｂ）　対象外業務を除いた一般業務に係る業務人・時間数

$$総合：Y_{4*} = Y_4 \times (1-0.09) = 6,473.8661 \text{［人・時間］}$$
$$構造：Y_{5*} = Y_5 \times (1-0.09) = 1,178.3397 \text{［人・時間］}$$
$$設備：Y_{6*} = Y_6 \times (1-0.09) = 2,909.0252 \text{［人・時間］}$$

（ｃ）　難易度係数による補正

$$総合：Y_{4**} = Y_{4*} \times 1.30 = 8,416.0259 \text{［人・時間］}$$
$$構造：Y_{5**} = Y_{5*} \times 1.25 = 1,472.9247 \text{［人・時間］}$$
$$設備：Y_{6**} = Y_{6*} \times 1.35 \times 1.08 = 4,241.3587 \text{［人・時間］}$$

図書館を単一用途とした場合の一般業務に係る業務人・時間数

$$Y_{4**} + Y_{5**} + Y_{6**} = 14,130.3094 \text{［人・時間］}$$

（ウ）　一般業務に係る業務人・時間数の確認

（a）　複合建築物とした場合　　　　　11,867.9650［人・時間］

（b）　庁舎を単一用途とした場合　　　 7,457.8686［人・時間］

（c）　図書館を単一用途とした場合　　14,130.3094［人・時間］

設計業務等委託料算定条件3.（注意)書を検証する。

（b)庁舎を単一用とした場合 ＜（c)図書館を単一用途とした場合

（a)複合建築物とした場合 ＞（b)庁舎を単一用途とした場合

以上より、業務報酬基準ガイドライン5-4-2を適用することができる。

（6）　追加業務に係る業務人・時間数

「積算要領」第2章6.4に基づき、業務内容の実情に応じて算定する。

（ア）　完成図の確認

（a）　「積算要領」第2章2.2（2）（イ）一般業務の一部を委託しない場合の一般業務
に係る業務人・時間数より

用途①　庁舎

総合：$A_{1*} = 2,623.6578$［人・時間］

構造：$A_{2*} = 515.4905$［人・時間］

設備：$A_{3*} = 738.6554$［人・時間］

用途②　図書館

総合：$A_{4*} = 3,212.6172$［人・時間］

構造：$A_{5*} = 604.0775$［人・時間］

設備：$A_{6*} = 1,241.3722$［人・時間］

（b）　複合化係数を乗じた一般業務に係る業務人・時間数

複合化建物＝（用途①庁舎＋用途②図書館）×複合化係数

総合：$\{A_{1*} + A_{4*}\} \times 1.05 = 6,128.0888$［人・時間］

構造：$\{A_{2*} + A_{5*}\} \times 0.89 = 996.4155$［人・時間］

設備：$\{A_{3*} + A_{6*}\} \times 0.92 = 1,821.6255$［人・時間］

（c） 完成図の確認に係る業務人・時間数は次式により算定する。

なお、工事監理業務に係る業務人・時間数は難易度係数による補正は行わない。

$$
\begin{aligned}
（業務人・時間数） &=（工事監理業務に係る業務人・時間数）×0.02 \\
&=（6,128.0888＋996.4155 \\
&\quad＋1,821.6255）×0.02 \\
&=178.9226［人・時間］
\end{aligned}
$$

（イ） 建築物等の利用に関する説明書の確認 　　80［人・時間］

追加業務に係る業務人時間数

178.9226［人・時間］＋80［人・時間］＝258.9226［人・時間］

（7） 業務人・時間数

「積算要領」第2章1．に基づき、次式により算定する。

$$
\begin{aligned}
（業務人・時間数） &=（一般業務に係る業務人・時間数） \\
&\quad＋（追加業務に係る業務人・時間数） \\
&=11,867.9650＋258.9226 \\
&=12,126.8876［人・時間］
\end{aligned}
$$

3．工事監理業務委託料を構成する費用の算定

（1） 直接人件費

直接人件費単価は「積算要領」第1章2．2に基づき、設計業務委託料算定条件6．に示す「令和6年度　設計業務委託等技術者単価」を使用して算定した。

なお、技術者単価は基準日額となっているため、「業務人・時間数」を「業務人・日数」に置き換える。

$$
\begin{aligned}
（業務人・日数） &=（業務人・時間数）／8時間 \\
&=12,126.8876［人・時間］／8時間 \\
&=1,515［人・日］（小数点以下切り捨て）
\end{aligned}
$$

$$
\begin{aligned}
（直接人件費） &=Σ\{（業務人・日数）×（直接人件費単価）\} \\
&=1,515［人・日］×38,400円 \\
&=58,176,000円
\end{aligned}
$$

（2）　諸経費（「積算要領」第1章2．4に基づき、諸経費率は1.1）

　　　（諸経費）　　　　＝（直接人件費）×（諸経費率）
　　　　　　　　　　　　＝58,176,000円×1.1
　　　　　　　　　　　　＝63,993,600円

（3）　技術料等経費（「積算要領」第1章2．5に基づき、技術料等経費率は0.15）

　　　（技術料等経費）＝｛（直接人件費）＋（諸経費）｝×（技術料等経費率）
　　　　　　　　　　　＝｛58,176,000円＋63,993,600円｝×0.15
　　　　　　　　　　　＝（122,169,600円）×0.15
　　　　　　　　　　　＝18,325,440円

（4）　特別経費
　　　PUBDIS（公共建築設計者情報システム）業務カルテ情報登録料金として、8,600円
　　（税抜き価格）とする。

（5）　消費税等相当額

　　　（消費税等相当額）＝｛（直接人件費）＋（諸経費）＋（技術料等経費）＋（特別経費）｝
　　　　　　　　　　　　　×（消費税等率）
　　　　　　　　　　　＝｛業務価格｝×（消費税等率）
　　　　　　　　　　　＝｛58,176,000円＋63,993,600円
　　　　　　　　　　　　＋18,325,440円＋8,600円｝×0.1
　　　　　　　　　　　＝140,503,640円×0.1
　　　　　　　　　　　＝14,050,364円

工事監理業務委託料の積算

　　（工事監理業務委託料）＝｛（直接人件費）＋（諸経費）＋（技術料等経費）＋（特別経費）｝
　　　　　　　　　　　　　＋（消費税等相当額）
　　　　　　　　　　　＝｛業務価格｝＋（消費税等相当額）
　　　　　　　　　　　＝140,503,640円＋14,050,364円
　　　　　　　　　　　＝**154,554,004円**

工事監理業務に関する算定方法（改修工事）
（契約図書等に定められた業務内容に基づく算定方法）

1．業務条件

　　建築物の改修工事の工事監理業務とする。また、分担業務分野は、総合、構造、設備とし、業務条件は以下による。

（1）　施設の条件

　（ア）　建築物の用途等　　　庁舎（第四号、第2類）

　（イ）　構造・階数　　　　　ＳＲＣ－５－１

　（ウ）　床面積の合計　　　　５，０００ｍ²

（2）　改修工事の条件

　（ア）　工期

　　　　　２０○○年７月５日から２０○○年３月２５日まで（３６週間）

　（イ）　改修工事概要

　　（a）　工事内容　　　　　　①　耐震改修工事（耐震壁設置）

　　　　　　　　　　　　　　　②　外壁改修工事（タイル張り仕上げ）

　　　　　　　　　　　　　　　③　上記①②の改修に伴う内装改修工事

　　　　　　　　　　　　　　　④　受変電設備工事（更新）

　　　　　　　　　　　　　　　⑤　建築改修に伴う電灯設備（照明器具）、情報表示設備等改修工事

　　　　　　　　　　　　　　　⑥　空調設備工事（更新）

　　（b）　総工事費の想定　　　１５０，０００千円（消費税等相当額は含まないものとする。）

　　（c）　施工条件　　　　　　入居者あり（居ながら改修）

（3）　工事監理業務の内容及び範囲

　（ア）　一般業務の範囲

　　（a）　工事監理方針の説明等

　　（b）　設計図書の内容の把握等

　　（c）　工程表の検討及び報告

　　（d）　設計図書に定めのある施工計画の検討及び報告

　　（e）　施工図等の検討及び報告

　　（f）　工事材料、設備機器等の検討及び報告

　　（g）　工事と設計図書との照合及び確認

　　（h）　工事と設計図書との照合及び確認の結果報告等

（ｉ）　工事と工事請負契約との照合、確認、報告
　　（ｊ）　工事請負契約に定められた指示、検査等
　　（ｋ）　関係機関の検査の立会い等
　　（ｌ）　工事監理報告書等の提出
　（イ）　追加業務の範囲
　　（ａ）　完成図の確認
　　（ｂ）　建築物等の利用に関する説明書の確認

２．業務人・時間数の算定

（１）　改修工事の工事監理業務の一般業務に係る業務人・時間数の算定は、「積算要領」第２章６．３より、契約図書等に定められた業務内容に基づき、工期、改修工事の内容（工事種目、工種数等）、規模（対象面積・階数等）、施工条件（入居者の有無、作業時間の制約等）等の条件を勘案して算定する。

（２）　追加業務に係る業務人・時間数の算定は、「積算要領」第２章６．４に基づき、業務内容の実情に応じて算定する。

（３）　本算定事例では、それぞれの業務について、１．業務条件により次のとおり工事監理を実施するものとして、業務人・時間数を積み上げて算出した。

　（ａ）　毎週１回、現場総合定例会議を兼ねて、建築の担当者１名が現場で業務を行う。ただし、お盆休み（１週間）正月休み（２週間）は現場の作業はない。
　（ｂ）　電気、機械の担当者は、２週間に１回の割合で現場にて業務を行う。ただし、お盆休み（１週間）正月休み（２週間）は現場の作業はない。
　（ｃ）　建築工事における検査等の立会いは、完成検査、中間技術検査、配筋検査（重要な部分に限る）、鉄骨組立、接合検査、外壁タイル接着性試験、シーリングの接着性試験等を行う。
　（ｄ）　設備工事における検査等の立会いは、防火区画貫通部の耐火処置、隠蔽配管の敷設、電線の機器類の接続、機器類の搬入設置、総合調整等を行う。
　（ｅ）　原則として、一般業務及び追加業務は現場にて実施する。

表１　工程表の想定

	7月	8月	9月	10月	11月	12月	1月	2月	3月
建築	準備	━━━	━━━	━━━	━━━	━━━	━━━	━━━	━━━
電気			━━━	━━・・・	・・━━	━━━	━━━	━━━	
機械			━━━	━・・・・	・・・━	━━━	━━━	━━━	

【注】 業務人・時間数の算定に当たって

この事例では、定期的に現場にて業務を行うものとして算定しているが、契約図書等に定められた業務内容に基づき、工期、改修工事の内容等の条件を勘案して算定する業務の実情に応じ、以下の点に留意し適宜積み上げる。

① 設備工事で機器の製作等がある場合で、その製作期間において、特に現場での業務がないことが明らかである場合は、その期間は業務人・時間数の算定には見込まない。

② 設備改修が主な工事で、建築改修がそれに付随する改修工事等の場合、建築の工事監理については業務内容を勘案して積み上げる。

③ その他、改修工事の内容により、現場での業務内容を勘案して積み上げる。

表2 改修工事の工事監理業務の業務人・時間数

業 務 内 容	業務人・時間数			
	総 合	構 造	設 備	合 計
（ア） 一般業務				
（a） 工事監理方針の説明等	5	2	6	13
（b） 設計図書の内容の把握等	36	20	28	84
（c） 工程表の検討及び報告	16	2	13	31
（d） 設計図書に定めのある施工計画の検討及び報告	28	10	19	57
（e） 施工図等の検討及び報告	46	22	41	109
（f） 工事材料、設備機器等の検討及び報告	16	7	19	42
（g） 工事と設計図書との照合及び確認	41	23	28	92
（h） 工事と設計図書との照合及び確認の結果報告等	13	5	11	29
（i） 工事と工事請負契約との照合、確認、報告	10	5	8	23
（j） 工事請負契約に定められた指示、検査等	13	5	8	26
（k） 関係機関の検査の立会い等	8	3	6	17
（l） 工事監理報告書等の提出	16	6	17	39
（イ） 追加業務				
（a） 完成図の確認	4	2	4	10
（b） 建築物等の利用に関する説明書の確認	5	2	5	12
合 計	257	114	213	584

3．工事監理業務委託料を構成する費用の算定

（1） 直接人件費

直接人件費単価は「積算要領」第1章2.2に基づき、設計業務委託料算定条件6.に示す「令和6年度 設計業務委託等技術者単価」を使用して算定した。

なお、技術者単価は基準日額となっているため、「業務人・時間数」を「業務人・日数」に置き換える。

$$
\begin{aligned}
（業務人・日数）&＝（業務人・時間数）／8時間 \\
&＝584\,[人・時間]／8時間 \\
&＝73\,[人・日]（小数点以下切り捨て）
\end{aligned}
$$

$$
\begin{aligned}
（直接人件費）&＝\Sigma\,\{（業務人・日数）×（直接人件費単価）\} \\
&＝73\,[人・日]×38,400円 \\
&＝2,803,200円
\end{aligned}
$$

（2）　諸経費（「積算要領」第1章2.4に基づき、諸経費率は1.1）

$$
\begin{aligned}
（諸経費）&＝（直接人件費）×（諸経費率） \\
&＝2,803,200円×1.1 \\
&＝3,083,520円
\end{aligned}
$$

（3）　技術料等経費（「積算要領」第1章2.5に基づき、技術料等経費率は0.15）

$$
\begin{aligned}
（技術料等経費）&＝\{（直接人件費）＋（諸経費）\}×（技術料等経費率） \\
&＝（2,803,200円＋3,083,520円）×0.15 \\
&＝883,008円
\end{aligned}
$$

（4）　特別経費

　　　PUBDIS（公共建築設計者情報システム）業務カルテ情報登録料金として、7,810円（税抜き価格）とする。

（5）　消費税等相当額

$$
\begin{aligned}
（消費税等相当額）&＝\{（直接人件費）＋（諸経費）＋（技術料等経費）＋（特別経費）\} \\
&\quad ×（消費税等率） \\
&＝\{業務価格\}×（消費税等率） \\
&＝\{2,803,200円＋3,083,520円 \\
&\quad ＋883,008円＋7,810円\}×0.1 \\
&＝6,777,538円×0.1 \\
&＝677,753円
\end{aligned}
$$

工事監理業務委託料の積算

(工事監理業務委託料)＝｛(直接人件費)＋(諸経費)＋(技術料等経費)＋(特別経費)｝
　　　　　　　　　　＋(消費税等相当額)

　　　　　　　　　＝｛業務価格｝＋(消費税等相当額)

　　　　　　　　　＝6,777,538円＋677,753円

　　　　　　　　　＝<u>7,455,291円</u>

工事監理業務委託料の積算

(工事監理業務委託料)＝｛(直接人件費)＋(諸経費)＋(技術料等経費)＋(特別経費)｝
　　　　　　　　　　＋(消費税等相当額)

耐震診断業務に関する算定方法（床面積に基づく算定方法）

1．業務条件

建築物の耐震診断業務とし、業務条件は以下による。

（1）施設の条件

（ア）建築物の用途等　　庁舎（第四号、第2類）

（イ）構造、階数　　　　RC－5－1

（ウ）床面積の合計　　　5,000m²

（2）業務の内容及び範囲

耐震診断一般業務（平成27年国土交通省告示第670号別添一第1項イに掲げる標準業務）

2．業務人・時間数の算定

（1）耐震診断一般業務に係る業務人・時間数

「積算要領」別表1-3に基づき、以下のとおり算定する。

$$A = a \times S^b$$

A：業務人・時間数

S：床面積の合計（m²）

a、b：「積算要領」別表1-3の係数

耐震診断一般業務に係る業務人・時間数

$$A = 21.052 \times 5{,}000^{0.4179} = 739.7635 \,[人・時間]$$

3．耐震診断業務委託料を構成する費用の算定

（1）直接人件費

直接人件費単価は「積算要領」第1章2.2に基づき、設計業務委託料算定条件6.に示す「令和6年度　設計業務委託等技術者単価」を使用して算定した。

なお、技術者単価は基準日額となっているため、「業務人・時間数」を「業務人・日数」に置き換える。

$$（業務人・日数）=（業務人・時間数）／8時間$$
$$=739.7635\,[人・時間]／8時間$$
$$=92\,[人・日]（小数点以下切り捨て）$$

（直接人件費）　＝Σ｛（業務人・日数）×（直接人件費単価）｝

　　　　　　　　＝９２［人・日］×３８,４００円

　　　　　　　　＝３,５３２,８００円

（２）　諸経費（「積算要領」第1章2.4によ基づき、諸経費率は1.0）

　　（諸経費）＝（直接人件費）×（諸経費率）

　　　　　　　＝３,５３２,８００円×1.0

　　　　　　　＝３,５３２,８００円

（３）　技術料等経費（「積算要領」第1章2.5に基づき、技術料等経費率は0.2）

　　（技術料等経費）＝｛（直接人件費）＋（諸経費）｝×（技術料等経費率）

　　　　　　　　　　＝｛３,５３２,８００円＋３,５３２,８００円｝×0.2

　　　　　　　　　　＝１,４１３,１２０円

（４）　特別経費

　　ＰＵＢＤＩＳ（公共建築設計者情報システム）業務カルテ情報登録料金として、７,８１０円（税抜き価格）とする。

（５）　消費税等相当額

　　（消費税等相当額）＝｛（直接人件費）＋（諸経費）＋（技術料等経費）＋（特別経費）｝

　　　　　　　　　　　　×（消費税等率）

　　　　　　　　　　＝｛業務価格｝×（消費税等率）

　　　　　　　　　　＝（３,５３２,８００円＋３,５３２,８００円＋１,４１３,１２０円

　　　　　　　　　　　＋７,８１０円）×0.1

　　　　　　　　　　＝８,４８６,５３０円×0.1

　　　　　　　　　　＝８４８,６５３円

耐震診断業務委託料の積算

　　（耐震診断業務委託料）＝｛（直接人件費）＋（諸経費）＋（技術料等経費）＋（特別経費）｝

　　　　　　　　　　　　　＋（消費税等相当額）

　　　　　　　　　　　＝｛業務価格｝＋（消費税等相当額）

　　　　　　　　　　　＝８,４８６,５３０円＋８４８,６５３円

　　　　　　　　　　　＝**9,335,183円**

4　公共建築設計者情報システム（PUBDIS）

公共建築設計者情報システム（ＰＵＢＤＩＳ）

1．PUBDIS とは

　公共建築設計者情報システム（ＰＵＢＤＩＳ：PUblic Building Designers Information System）は、公共建築の設計者選定を支援することを目的として国土交通省及び営繕積算システム等開発利用協議会（都道府県・政令指定都市で構成）等により平成8年に開発され、設計事務所が提供するデータを公共発注機関が利用する有料データベースシステムである。

　公共発注機関が、設計者を選定する場合において、計画する施設の概要など建物に関する業務の実績情報等をPUBDISのデータをもとに条件検索し、プロポーザル方式などにより設計事務所を選定するための、透明性のある資料として利用することを想定している。令和6年4月現在、年間を通した利用設計事務所は約1,200社、利用公共発注機関等は約190機関にのぼり、各プロジェクトで有効活用されている。

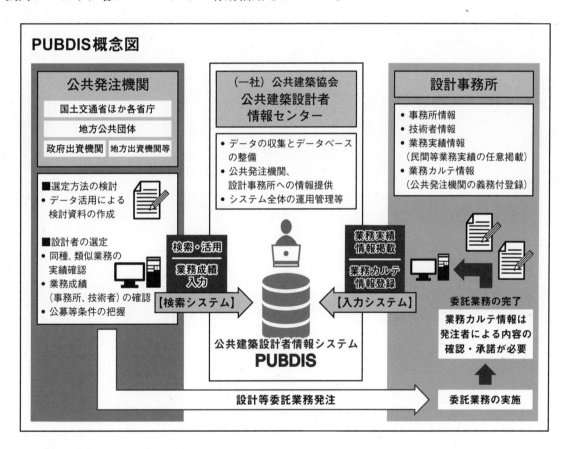

2．PUBDIS入力システムとは

　ＰＵＢＤＩＳには、公共発注機関がデータを評価・検索する検索システムと、データを提供する設計事務所等が利用する入力システムがある。入力システムとは、設計事務所が公共発注機関から受注した官公庁施設及び公共住宅等の建築設計等業務（意匠設計・構造設計・設備設計・工事監理及び団地計画等）の実績を「業務カルテ」情報として登録するシステムである。また、通常登録を利用された場合（年度利用）は、民間発注された業務を含む実績を「業務実績情報」として登録できる。

　関連情報 URL：https://www.pbaweb.jp/pubdis/

官庁施設の設計業務等積算基準
及び参考資料
令和6年版

定価2,200円（本体2,000円＋税10%） 送料実費

令和6年5月27日　　第1刷　発行

〔検印省略〕

監　修

国土交通省大臣官房官庁営繕部

編集・発行

一般社団法人　公共建築協会

〒104-0033　東京都中央区新川1-24-8
東熱新川ビル6階
電話　03（3523）0381
FAX　03（3523）1826
URL　https://www.pbaweb.jp/

ISBN978-4-908525-53-7
C3052

この印刷物は、環境等に配慮して再生紙を使用し、併せて植物性大豆油インキを使用しています。